U0596925

文明研究 4

阮炜 著

四海一家

Civilizational Studies

从地缘共同体
到人类命运共同体

中国出版集团 东方出版中心

图书在版编目（CIP）数据

四海一家：从地缘共同体到人类命运共同体 / 阮炜著.
— 上海：东方出版中心, 2023.7
ISBN 978-7-5473-1854-6

Ⅰ.①四… Ⅱ.①阮… Ⅲ.①地缘政治学－研究
Ⅳ.①D5

中国国家版本馆CIP数据核字(2023)第124482号

四海一家：从地缘共同体到人类命运共同体

著　　者　阮　炜
责任编辑　万　骏　陈明晓
封面设计　钟　颖

出 版 人　陈义望
出版发行　东方出版中心
地　　址　上海市仙霞路345号
邮政编码　200336
电　　话　021-62417400
印 刷 者　山东韵杰文化科技有限公司

开　　本　890mm×1240mm　1/32
印　　张　8.25
字　　数　157千字
版　　次　2024年1月第1版
印　　次　2024年1月第1次印刷
定　　价　68.00元

序

近二十年来，随着中国的崛起，"文明"成为一个高频词。而讲到文明，又很难避开"文明的冲突"这个话题。东方与西方的冲突、中国与美国的争端、伊斯兰世界与欧美社会的矛盾等，更不用说非常容易使人兴奋的贸易争端、科技战、金融战等，统统属于文明冲突的范畴，是国际政治、国际经济和军事学的研究对象。文明研究明显不同。它固然对形形色色的文明冲突感兴趣，但也关注文明概念的含义、文明的起源、文明间的力量消长及原因、各文明的精神形态和基本特质，即本书中的"文明规模""文明力""文化—技术能力"，以及"基本特质"等概念。[1]它一直采用一种后来被称为"全球史"的进路，重视文明间从古到今的联系和互动，甚至关注各大文明的未来走势。

---

[1] 关于"文明规模""文明力""文化—技术能力"，参本书"释义"部分的相关条目。

战争式的文明冲突（遑论所谓"文明大战"）当然更能吸引眼球，但文明研究不能一味蹭热点，而应有更大的视野、更大的格局。几千年来，各文明之间一直发生着和平交流——技术、理念、习俗和宗教层面的种种交流。这不是热点，不太可能引人注目。但正是在这种交流中，一个文明借鉴并吸纳其他文明的长处，以弥补自己的短板。也正是在这种交流中，人类总体生存状况不断得到提升，并演进至当今形态。所以，文明研究不同于通常意义上的历史研究、哲学宗教研究、民族史研究、民俗研究、国际政治、国际经济或文化研究等，而是一种跨学科和比较性、综合性的学问。它是长时段的，考察从古到今各大文明的历史、哲学、宗教、社会、政治、文学艺术等的总体状况，或者说，基于既有理念框架，对这一切加以总体性的分析、鉴别和评判，包括价值评判。它当然会利用各领域具体研究的成果，但是主要关注各大文明的基本特质、规模性、从古到今的互动，尤其关注文明要素的扩散、文明间的关系及其对历史大趋势的影响，从中揭示出规律。

很明显，文明研究的根本目的是鉴古知今，使日益走向世界的中国人对世界有一个更深入、更准确的认知和把握。文明研究若能使一特定文明更清楚地认识其他文明，并以之为鉴更清楚地认识自己、丰富自己、提升自己，最终丰富乃至提升人类精神和物质状况，它的目的就算达到了。文明研究不像贸易争端、科技战等那么直截了当，那么容易把握，而是更深沉、宏阔，但这并不代表它与当下无关。文明研究与当今每个个人及其子子孙孙的生命息息相关。在这个山雨欲来风满楼的时间节点，尤其如此。

可是，"文明"究竟为何？它既是一种跨世代的思维–信仰模式，也是一些秉有特定思维和信仰模式的人类集群。换言之，不仅有生命形态的文明，更有共同体的文明。文明是人类进入城市生活阶段的产物，往往有辽阔的疆域、庞大的人口和经济规模，涵括多个族群、多种语言，有发达的宗教、哲学、文字、文学、艺术、科技（不一定是现代科技）传统，更有发达的政治形态、法律体制、经济组织、社会组织和军事组织，以及与这一切相对应的物质表现形式。文明有其意志要表达，有其使命要完成。任何一个文明都有其优长和短板，都应给予恰当评价。现存文明都是一些庞然大物，均由较小的文化–政治实体融合而成，甚至会表现出一种整合为更大的共同体即地缘共同体的趋向。

风物长宜放眼量。判断一个文明的格局大小，不能以一时成败论英雄，而更应看其规模性和潜在力量。曾几何时，亚述人、迦勒底人、马其顿–希腊人、罗马人、匈奴人……所向披靡，威震八方，可这并不代表这些民族拥有真正的文明规模和巨大的潜力。作为历史文化共同体的西方固然拥有强大的力量，其军力在18世纪初至20世纪中叶一度大大超过非西方社会，有大量殖民地、多个殖民帝国，攫取了整个美洲、澳大利亚和非洲、亚洲很大一部分土地，甚至直至今日，其基于先进科技的军力仍相当强大，但是，这一切并不意味着今日西方不处在相对衰落、东方不处在持续上升的通道中。今天，历史上存在过的文明大多已不复存在，而更多"原始社会"尚未演变为文明便消失了，不可以将它们视为失败者。作为经济、政治和文化实体，它们固已消亡，但其曾经的经济政治活动和文化创造，已然给人类总体演进打上了不可磨灭的印记。甚至在种族意义上，它们也没有真正死去，而仍然活在后起的族群中。在文化和种族的双重意义上，那些看似已不存在的文明或历史实体，实已为人类总体演进做出了重要贡献。没有这些贡献，当今人类和当今世界将面目全非。

尤其不可假定"修昔底德陷阱"不可避免，文明之间、大国之间必有一战。预言往往会自我实现，非常可怕。从人类前途着眼，大国之间若彻底撕破脸皮，相互摧毁，就是人类末日。人类进化了数百上千万年，创造出了无比辉煌的文化和科技，最终归宿竟是在一场旷世冲突中种属灭绝？地球生态圈及其中的智慧生命发展出了如此神奇的技术，最终命运竟是一触按钮，便自我毁灭？人类竟无一种更高远的使命，如向地外星体扩散，利用目前根本无法想象的恒星能量，形成一个太阳系文明，甚至一个跨星系文明？对于这些问题，文明研究不可能提供一个确切的答案，却能起到警醒作用。

读者也将发现，所谓"文明研究"很大程度上也是"西方研究"，或"西方学"。西方学术语言中有"东方研究""汉学""中国研究"等说法，可迄今为止，汉语中仍不见相对应的"西方研究""欧洲学"或"美国学"等概念的流行。这不公平。之所以如此，最根本原因在于，迄于今日，东西方之间力量仍不对等；也在于新文化运动以来，西方思想及学术大举进入汉语世界，其观点、方法、价值观被用来观照、阐发和研究中国问题，大大改变了汉语世界的既有认知主体，既扩大了汉语世界中人的思想视域，深化和扩展了其认知框架，也削弱了其本有的精神特质，因而使主客关系发生了混淆和紊乱，以至于时至今日，当西方及其思想、学术比以往任何时候都更应被当作认知客体来对待，比以往任何时候都更不应该被顺从、盲信时，竟难以做到。兹举一例：外国文学研究界的西方文论究竟应是一种基于自身主体性来译介、利用的学术成果，还是一部汉语世界的复读机，变着法子复述西方话语？这里主客关系是不清不楚的，本应是客体的东西僭居主体地位。

正是在此，"西方研究"这个概念的价值突显出来。西方研究是基于汉语世界中人的认知框架来认识、研究西方及其思想、学术的学问，与产生于西方，貌似客观，却携带着西方价值观、立场、观点和方法的西方思想及学术大异其趣。当然，呼吁使用"西方研究"这个概念，并非意味着在此之前，我国学界不存在这种学问，或者说晚清以来，中国学人从来就没能把西方及其思想和学术当作认知对象来对待，从来就缺乏主体意识，从来就甘当西方话语的奴隶。至少至 2000 年代初，无数中国学人所做工作大体上仍是基于自身主体性的西方研究。中国学人对西方哲学、宗教、历史、文学、语言、政治、社会、经济、法律和艺术等方方面面的考察、分析，包括笔者本人长期从事的英国小说研究等，正是这样的学问，因认知上的误区，也因国别分类和学科方向等缘故，才未获得"西方研究"之地位。应看到，晚清至民国再至新中国，尽管汉语世界中人的认知结构和知识域发生了天翻地覆的变化，其精神自主性大体而言是强健的，西方知识大体而言是被置于客体地位的，但大概自 2000 年代初以来，因实行对外开放的总国策已有二十来年，再加"入世"等因素，国门越开越大，学界（尤其是外国文学研究界）对西方学术话语的接受、认可乃至拥抱也渐渐达到了一种荒谬可笑的程度，以至于全然混淆了主客之别，全然忘记了自身的主体地位——这里最触目惊心的例子莫过于动辄将不一定具有古汉语阅读能力的西方从业者称为"汉学家"，将其成果视为行业圭臬，好像汉语不是中国人的母语，而是西方人的母语似的——全然忘记了对中国人而言，西方及其思想和学术终究只是认知对象。

所以，从业者不可忘记，西方及其思想和学术终归只是认知客体，只是学习、研究和借鉴的对象，甚至还可不分国别、学科，将其作为一个整体来研究。虽只有入乎其内，才能超乎其外，从业者却不可以在吸纳利用西方思想和学问的过程中，丧失自身主体性，沦为此认知客体的俘虏，而应切实将其作一个对象来对待，对之进行从微观到宏观的解析、观照和把握。从业者尤其不可以价值中立，对认知对象不作价值判断，而应基于中国文化既有的理念和认知框架，对之加以阐释、鉴别和评判，包括价值评判。在国力迅速上升的情况下，这应该不是什么难事，至少比相对屏弱时容易。这里，宋明新儒家是好榜样。周敦颐、张载、程颢、程颐、朱熹、陆九渊、王阳明等出入佛老却不为佛老所制，而是统摄佛老为我所用，借此建构起"新儒学"即理学心学，对后来中国乃至整个东亚思想产生了重大影响，在现代化运动中发挥了关键性作用。总之，从业者要强化自身主体性，而要强化自身主体性，又必须切实地把认知对象当作一个对象来对待。但只有切实地把对象当作一个对象来对待了，才能真正强化自己的主体性，提升自己的精神水准，自立于世界学术之林。

下编　从地缘共同体到人类命运共同体

释　义

文明

既指一特定人类集群，也指该人类集群所特有的生活方式。具体说来，文明是人类进入国家阶段和城市生活的产物，不仅有特定的社会政治形态、哲学、宗教、语言文字、文学艺术、建筑、习俗等，而且往往拥有较大的人口、经济和疆域规模，往往涵括多个较小的政治实体。

地缘共同体

有两个基本含义。

（1）从地理和自然的角度对一特定国家群或文明群的精神品质、历史-现时表现和未来走势进行分析，或者说，对共同的地理位置和相似的自然环境对特定国家群所产生的结构性影响加以探究。

（2）对基于共同地理位置和相似自然环境的国家群之间存在着的不可更改、不可复制、不可逃避的毗邻关系进行描述，进而对古往今来诸多人类集团（含部族、部族联盟、民族和国家）之间因先天性毗邻关系而发生的经济、文化和政治上的互动或可能的互动加以讨论。

"地缘共同体"里"共同体"的含义大体上是清楚的，但"地缘"则并非如此。这主要是因为，这里的"缘"字含义丰富，有"缘分""因缘""机会"等义。尽管"地缘"一词译自英语、法语、德语（以及其他西方语言）里的"geo"，但是严格地讲，无论哪一种西方语言里都没有"地缘"概念，因为西方语言里根本没有"缘"或"缘分"这一概念。西方语言中有的只是"geo"。这是一个常见的构词前缀，有地、土地、地球、地质等义，源自希腊语的 γη，而 γη 有地、土地、土、土壤、家等基本词义。

尽管西方语言中"geo"没有"缘""因缘""缘分"之类的概念，但这并不等于西方学界所认知的事物之间不存在"缘""因缘"或"缘分"一类的关系。只不过总体而言，他们尚未认识到这一类关系。当现代西方人使用"geo-politics""geo-economy"或"geo-culture"一类复合概念时，他们显然是指与特定土地（或地理空间、领土）发生关联的不同人类集团在政治、经济和文化上的互动或"缘分"。在此意义上，汉语用"地"字加上西方语言中并不存在的"缘"

的词义来翻译"geo"甚为精当，因为"地缘"一词把西方人认知模式中的一种本来就存在但尚未在语言文字中得到反映的事物间内在关系凸显了出来。

既然"地缘"的意思是"地理缘分"（或"地理因缘"），那么"地缘共同体"只应是这么一种尝试：从地理缘分的角度对人类文明进行描述和分析。

文明规模

指一个文明基于特定自然条件和地理格局，所拥有的人口数量、经济体量、疆域面积之可计量的规模性与其精神成果积累、社会政治整合力、科技创造力和军事力这种种文化-技术能力（详下）的总和。也称"文明的规模性"。

人口规模

影响一个文明的规模性和总体能力的关键要素；从严格意义上讲，指在相同或相似价值观和社会政治认同的基础上形成凝聚力的大量人口，而非处在一强权国家的统治下、价值观和社会政治认同并非一致的巨量的"臣民"。

文化-技术能力

指一个文明的精神成果积累、社会政治整合力、科技创造力和军事力的集合，与一个文明数字意义上的规模性，即人口数量、经济体量、疆域面积相对。

文明力

指一个文明的规模性中所蕴含的一种类似于"综合国力"的总体能力；意味着其长时段的和潜在的总体力量，不可与表现在特定历史时期的文化-技术能力相混淆。

希伯来主义

英文为 Hebraism，也译为"希伯来精神"，指古代希伯来-犹太人、三大经书宗教的信徒所特有的思想、精神和行为倾向，包括严格的唯一神信仰、强烈的道德意识、唯我受上帝眷顾的"选民"观，以及相应的非此即彼的思维倾向和真理独占的心理倾向。

绪　言

常言道："远亲不如近邻。"这个俗语是从日常经验中总结出来的，看似简单，实则包含着深刻的道理。对于某个特定的我来说，"近邻"之所以比"远亲"更加重要，就是因为他们恰恰是我的邻居，恰恰就住在我的隔壁或附近，与我有一种空间上的缘分。我与他们有进行种种合作的可能性，在我需要他们的帮助时，他们可能帮助我，因而对我来说更亲；而在他们需要我帮助时，我也可能帮助他们，因而对他们来说更亲。换句话说，密切的空间相关性使我与邻居之间产生了密切的利益相关性，而随着空间距离的增大，即使是有血缘关系的人们，他们之间的利益相关性也会减弱，直至消失殆尽。古往今来，无论在东方还是西方，无论在哪个文化区域或"文明"里，空间相关性都会导致利益相关性的产生和加强。

从 1950 年代起，为了避免欧洲内部再次发生 1914—1945 年式的"大战"，有关国家成立了西欧联盟、欧洲共同体、欧洲经济共同体等政治、经济和军事性质的超国家组织，后来演变为目前的欧洲联盟。眼下，欧盟作为一个历史文化共同体，显然已不仅仅是一个经济共同体，在相当大程度上已然是一个准政治实体，而且正在从各加盟国手中获得越来越大、越来越多的实质性权力。欧盟已成立了欧洲议会这样的全欧立法机构、欧洲法院（European Court of Justice）这样的全欧司法机构，以及由各国政府首脑选举产生的欧盟委员会、欧盟理事会这样的全欧协调管理组织。后两者完全可以视为全欧政府的雏形。不仅如此，欧盟已设立了欧洲理事会常任主席，正在以欧盟宪法条约的形式酝酿一部欧盟宪法，再后来或组建一个统一的欧盟外交部，用一个声音而非几十个声音代表欧洲讲话，也即形成一个正式的"欧洲合众国"（The United States of Europe），也未可知。尽管因种种缘故，当前欧洲一体化进程明显减速，英国甚至已经脱欧，但从整体趋势上看，欧盟在未来三四十年里拥有一个统一外交身份的可能性并非不存在。

同样，中日韩朝等国与东南亚各国山水相连。这是一种先天性的地缘安排。这种地缘安排既然是先天性的，便是一种不可更改、不可复制、不可取消、不可逃避因而命运与共的空间关系。在这种空间关系或地缘格局中，东南亚与中日朝韩等国之间两千多年以来一直存在着密切的文化、经济和政治联系，15 世纪以来更有了日益密切的经济政治互动。也正是在这种先天性空间格局中，东南亚各国和中日韩朝等国之间不仅已然存在经济、技术、社会文化上相互依存的密切联系，更存在着一种深厚、范围更大的合作势能。所以，无论历史上发生过什么事，从未来发展着眼，这些国家若能表现出足够强的理性，都应最大限度地利用先天毗邻关系中所蕴含的积极因素，最大限度地克服历史上遗留下来的消极因素。唯其如此，东亚方可能有一个美好的未来。也唯其如此，世界方可能成为一个真正意义上的美丽新世界。事实上，中国、日本、韩国、朝鲜、蒙古国与东南亚各国即印度尼西亚、新加坡、马来西亚、泰国、越南、菲律宾、柬埔寨等同属于一个更大的地缘共同体，即拟议中作为地缘共同体的"东亚"或者说"东亚共同体"。

在日本与美国军事捆绑日益紧密的今天，"东亚共同体"比十年二十年前更像是一个愿景，但是基于地缘结构的东亚合作的逻辑并不会因此而消失，各国合作的势能一直在那里，也一直在稳定地释放，一直在稳定地起作用。如果一切进展顺利，这个酝酿中的共同体不仅能够整合中亚诸国即哈萨克斯坦、吉尔吉斯斯坦、塔吉克斯坦和乌兹别克斯坦，或许还能与"五眼联盟"中的新西兰甚或澳大利亚建立一种深度合作的关系，尽管后者近年来的表现有些反常。这是因为地缘共同体意义上的东亚是一种先天性的空间安排，一种不可更改、不可复制、不可取消、不可逃避故而命运与共的地缘格局。

当然，应当看到，16世纪以降，全球化骤然加速，西欧国家与东亚各国开始了直接的贸易和文化往来。从16世纪起，葡萄牙人、荷兰人、英国人、西班牙人和法国人等相继进入东亚。及至 19 世纪中叶，西方人更是携坚船利炮进入，跟当时的清朝、日本的德川幕府和李氏朝鲜签订了一个又一个不平等条约，使它们在经济上向西方敞开大门，在宗教上则允许基督教传教士在它们的国土上传教。不久后，日本以其对西方压力的迅捷反应，迅速建立起工业和军事优势，1876 年与朝鲜签订《江华条约》，1895 年更因在甲午战争中胜出，与清朝政府签订了《马关条约》，看似非常成功地"脱亚入欧"了。之后的故事尽人皆知。"二战"（即被错误地叫作"第二次世界大战"的第二次欧洲大战）期间，美国逐渐介入东亚，而在太平洋战争期间，美国更是发挥了关键作用。"二战"结束以后，美国已俨然成为东亚的一部分。这不仅因为关岛离东亚本土不远，也是因为"二战"和朝鲜战争以后美国长期在日本和韩国驻军。今天看来，美国根本没有表现出任何撤出东亚的迹象，而随着东亚成为世界经济增长最强劲的地区，就更没有撤出的意思了，尽管美国人口绝大多数远离东亚，美国经济、政治和文化中心都远离东亚，而与欧洲靠得更近。

既然如此，就得问一个问题：今天谈东亚整合，是有意义的，可是谈论作为地缘共同体的东亚即"东亚共同体"，是否太早了一点？私以为，若以区区几年作为尺度，那么谈论这个共同体，真可能太早了一点。但若以二十年三十年甚至更长时间作为尺度，那么把东亚真正当作一个地缘大家庭来建设，把东亚的进一步整合与经济、社会、文化一体化作为各当事国的一个共同目标来追求，从而实现各国当前乃至长远利益的最大化，便是应有之义。从根本上讲，作为一个天然的地缘单位，东亚内部不断加深的文化、经济整合，甚至某种形式和程度的政治合作，应是不能阻挡的历史趋势。这可能并不是通常意义上的国际政治思维，而是一种对文明间关系的思考。做这种思考，是希望我们能够把目光从狭隘的眼前利益提升到一种更宏大的文明间关系的层次。

事实上，东亚文明的使命，比任何单单一个东亚国家的短期利益高得多、大得多。国无远虑，必有近忧。作为东亚人，如果我们今天不高姿态，不超越各自眼前的蝇头小利，不去努力整合这个共同的地缘大家庭，就会捡了芝麻，丢了西瓜，就会对区域经济、文化整合乃至政治合作所可能给各当事国带来的莫大利益视而不见。建设拟议中的东亚共同体，其根本目的并不是要在短时间内就建成一个类似于欧盟的联盟，甚至也不是要建成一个类似于东盟那样的较为松散的"东亚联盟"，而是要使东亚各国的人民更加清楚地认识到，他们之间存在着一种基于先天地缘格局的共同利益关系，要培植一种王道而非霸道的精神，养成一种与邻人互谅互让、和睦相处、互利互助、合作共赢而不是动辄恶语相向，甚至拳脚相加的心态。唯其如此，才能逐步消解 16 世纪以来，外部势力侵入东亚、羞辱东亚、殖民东亚，剥削东亚的格局。只有打破这个格局，才真正谈得上东亚的整体复兴和崛起。

笔者十七八年前作最初的思考时，虽然坚信中国乃至东亚的崛起是历史必然，不可阻挡，却并没有料想到仅仅几年后，世界舞台上便上演了一出又一出跌宕起伏、精彩纷呈的大戏，中国乃至东亚的复兴骤然间不再是少数学者的预言，而已然成为一个世界公认、板上钉钉的事实。私以为，这更多只是人们的认知上的变化，或者说，应更多解读为一种心理上的冲击，其根本原因并不在于世界形势在短短几年之间发生了天翻地覆的巨变，而是 2008 年爆发的金融危机与人人都能看得见、摸得着的中国复兴，陡然间把多年来文明间力量的累积性变化清晰地呈现在眼前，终于引发了人们认知上的转变。

另一方面，即便我们认定东亚已然是一个经济乃至社会文化意义上的共同体，在这个全球化程度越来越高的时代，它也是一个外部力量已深深卷入其中的共同体。除了众所周知的美国因素，更值得注意的是，由于日新月异的通信交通技术，更由于日益密切、无所不在的全球经济、科技、政治以及文化、教育、体育等方面的交流，所谓西方早已不是 16 世纪之前那个相对封闭、单质的历史文化共同体，而是已掺入了诸多非西方要素的文明了。试问，假如没有对火药、指南针、"阿拉伯"数字、造纸术、印刷术等技术和知识的利用，16 世纪以来欧洲人的地理扩张、科技进步、经济繁荣、文化提升可能吗？即便是被视为西方文明前身的希腊罗马文明，也是在系统地、大规模地吸纳两河与埃及文明的文化和技术要素以后，才有了卓越的表现。反过来看，没有近两百年来欧洲、美国在科学技术和社会文化理念方面所起的引领作用，没有美国、欧洲巨大的资本及消费市场，尤其是没有此二者发挥主干作用的国际秩序，改革开放以来的中国是不可能取得如此巨大成就的，更不用说明治时代和"二战"后日本的飞速进步了。当今各大文明与几百年前已大不相同，已然共存于一个你中有我、我中有你的地球村里，已然共存于一个人类命运共同体中。

但即令当今世界已是一个地球村，也并非意味着村子里将不再有矛盾和争吵。随着力量的天平进一步东移，矛盾争吵的频繁和激烈程度一定会提高。吵架虽难免发生，但打架却应竭力避免，恶性械斗更应避之唯恐不及。在力量重心加速向东转移的过程中，如何避免全面战争和其他形式的恶性争斗，是摆在未来二三十年间东亚和太平洋沿岸各国面前的一个巨大课题。如今，各主要当事国都有高水平的核武器及高效投射手段，毁灭力极强，这何尝不是对人类的一次巨大考验？在此，全面与进步跨太平洋伙伴关系协定（CPTPP）甚至亚太经合组织（APEC）的价值突显出来。尽管中国尚未加入前者（中国领导人已不止一次表示对参与 CPTTP 持积极开放的态度），而后者因成员国太多，目前只是一种效率有限的对话机制，难以达成实质性成果，但随着东亚各国尤其是中国进一步发展，与发达国家差距日益缩小，这些组织演变为一个超大的亚太自贸区也并非不可能。这种跨太平洋合作将起到某种减缓冲突、消解矛盾的作用。东盟与中日韩合作（10+3）和区域全面经济伙伴关系（RCEP）等机制的作用更是不可忽视。这些机制所促成的东亚合作规模虽仍有待提高，但随着各国尤其是中国进一步发展，在未来某个时候演变为一个东亚经济与社会文化共同体并非天方夜谭。

所以，让我们拭目以待，看看东亚各国能否表现出足够的智慧，形成一个越来越具有实质内涵的地缘共同体；看看亚太地区各国能否表现出足够的政治智慧，实现越来越具实质意义的经贸合作，甚至进一步演变为一个巨无霸自贸区。我们当然不能准确预知未来。未来究竟会发生什么，谁也说不清楚。但是有一点很清楚：中国乃至东亚的重新崛起不大可能采取西方历史上常见的权力更替形式，如在 18—19 世纪殖民北美的英国取代西班牙和法国势力的过程中发生过的多次争霸战争，再如在崛起的德国试图取代法国英国的过程中发生的两次"世界"大战。可以肯定，东亚各国尤其是中国的复兴不会采取武力扩张、大片占领他者土地的形式。这意味着，未来人类要避免掉入所谓"修昔底德陷阱"，并非不可能。

这是因为，东亚的复兴所必然导致的力量变化，更可能采取经济、文化和政治竞争的形式。很难想象，我们会像冷战时期的主要当事国那样，仅仅为了威慑对手，便各自保有上万枚以上的核弹头。西方有识之士早已意识到，较之西方国家，东亚各国总体上表现出了一种和平主义的文明性格。他们知道，在历史上大多数时期，中国虽是东亚的头号强国，但它并没有表现出军事征服和领土扩张的欲望。他们知道，东亚佛教、儒家和道教之间从未发生过宗教战争。他们知道，这些东方宗教或准宗教从不主动向域外传教或输出其价值观和生活方式，甚至与西方依靠武力传入的基督教大体上没有发生过战争。所以有理由相信，因了这种和平主义的性格，东亚各国在进一步复兴中会充分利用已然存在的全球化平台，积极参与人类命运共同体和全球文明的建设。如果说和平主义的佛教、儒家和道教已对西方产生了不小冲击，那么随着东亚进一步复兴，其温文尔雅的文明性格、中道和合的文化精神必将对西方、对世界产生更深刻的影响。最终，东亚文明以其温和性格和巨大的经济体量，必将使一直以来世界事务中流行的那种真理独占、非是即非的思维方式和行为模式成为过去。

因此，无论历史上发生过什么，现在正发生着什么，东亚各国所最应该做的事，是尽快放下历史上的恩恩怨怨，本着求同存异、互谅互让的精神，努力解决好既有的领土和领海争端，努力建设好共同的家园，实现一个共同的美好未来。各国尤其是世界大国中国要时刻记住，东亚各国同属于东亚这个天然的地缘单位，同属于东亚这个地缘大家庭。我们应清楚地看到，只有本着四海一家、天下一家的精神，最大限度地利用空间关系所蕴含的积极因素，最大限度地克服历史遗留下来的和现实中依然存在的消极因素，才能在建设东亚共同体乃至全球文明方面取得实质性的进步，世界方可能有一个美好的未来。不难想见，在继承、改造和发展既有世界秩序的基础上，包括东亚在内的欧亚各区域间的整合将得到进一步深化，获得越来越多的实质性内涵，而欧亚整合又将加强全球层面的整合，加深各个地缘共同体、文明、国家和民族之间的联系与合作，直到最终实现四海一家、天下一家。只有不断加强各个民族、国家、文明和地缘共同体之间的整合，不断加强亚欧乃至全球层面的整合，人类方能健康茁壮地成长发展，方能建立起一个真正意义上的命运共同体。

上　编
地缘共同体概念

一、使用地缘共同体概念的理由

既然使用"地缘共同体"概念，就得交代一下使用的理由。由于地缘共同体可以是一个文明，也可以是一种跨文明的超大人类集群，在陈述理由之前，不妨先看一看"文明"概念本身。

据说，"文明"一词有一百多个词义。例如，作为"文化"同义词的"文明"，又如"精神文明"意义上的"文明"，再如与传统戏剧势不两立的"文明戏"意义上的文明[1]，等等。但是，本书使用的"文明"概念有两个基本含义：（1）作为生命形态的文明；（2）作为历史文化共同体的文明。

作为生命形态的文明，是一种与特定思维样式、信仰样式相配合的存在形式或生活方式。也可以说，这个意义上的文明代表着一种生命品质，是一个为特定精神品质所支配的长时段的动态结构。[2]作为历史文化共同体的文明，则是秉有特定思维或信仰形态、存在形式、生活方式，或秉有特定

---

[1] 在新文化运动和五四时期，所谓"文明戏"专指自西方输入的话剧，与中国传统戏剧相对。在当时的新潮知识人看来，西方话剧是"文明"的，传统戏剧是"不文明"的，故有"文明戏"的说法。

[2] Kwang Chih Chang（张光直），*Shang Civilization*, Yale University Press, 1980, p.365；也参见 Kroeber, *Style and Civilization*, University of California Press, 1957, pp.1－27。

生命气质或性格的大型人类集团。但本书更感兴趣的，并不是第一种意义上的即生命形态的文明，而是第二种意义上的即历史文化共同体的文明。共同体意义上的文明包含这么一个基本预设：它不仅建立在特定的生命形态（如价值观、风俗、习惯、文学、文字、艺术、制度安排、建筑样式等）的基础上，更建立在至关重要的特定地理位置和自然环境之基础上。这就意味着，文明研究不得不采用一种空间或地缘的视角，不仅要考察各历史文化共同体的精神品质和建基于其精神品质上的历史文化主体性，更要考察其所处的特定空间位置，其所拥有的特定地理形态、自然条件等它们所产生及可能产生的长时段、结构性的影响。

为何要采用这样一种视角？一个显而易见的事实是，特定的文明或大型历史文化共同体享有特定的疆域，或者说位于具有特定自然条件和矿藏资源的纬度和经度。正是地理自然环境从根本上决定了一个文明的历史和现时表现，形塑了该文明的精神品质，使该文明中千千万万的个人有了其所特有的文化认同。也就是说，地理自然因素塑造了一个文明本身。

所谓"地理自然因素"，具体说来，指特定地理状况和自然环境或条件的集合，包括地貌和地形，如山脉、丘陵、谷地、河流、海岸、沙漠、高原、平原、湿地等，也包括气候（其中降水量是否充足、降水是否大致均匀尤其重要）、水文、森林、草原、动物、植物等，当然还包括种种矿藏。对于一个处在萌生阶段的历史文化实体来说，是否享有充足且均匀的降水，是否享有适宜的温度[1]，是否拥有适合开垦，即经过一定劳动改造后便能耕种的大片土地，是否拥有距离较近或就在当地，而且较容易开采和冶炼的铜、锡、铅、铁、金、银、锑之类的矿藏，所有这一切将在极大程度上决定该共同体的生存形态和未来命运。

由于地理自然环境的缘故，几万年以来，中非森林中的居民一直过着狩猎和采集生活，而中亚草原上的居民几千年以来一直过着游牧生活。法国人文地理学家阿·德芒戎这样写道："在干旱地区，泉水和村庄的位置之间有着密切的联系；在高山地区，在稀少的、坡向好的小片沃土和人类住所之间，也有密切的联系。从文明发展的观点来看，在位于陆半球中心的欧洲和孤悬在辽阔海洋中的澳大利亚之间，不是有着深刻的差异吗？半岛与岛屿，难道不有助于形成某些民族和国家的特性吗？葡萄牙之所以与西班牙分离，难道不能部分地用它西方面向大洋，东方与西班牙隔着崎岖山地及荒凉峡谷来解释吗？"[2]毫无疑问，人类与自然之间从来就存在着一种至为密切的循环互动关系——自然环境影响人类社会的发展，人类适应乃至改变自然环境，而为人类所改变的自然环境又进一步影响人类社会。

可是，这种观点常常被扣上地理决定论的帽子，而地理决定论意味着地理自然环境是一种最根本的因素，它决定人的命运，人是它的奴隶这么一种命定论观点。于是，德芒戎不得不

---

[1] 所谓"适宜的温度"，指特定区域的年平均气温既不是太高，如25摄氏度以下；也不是太低，如18摄氏度以上。
[2] 德芒戎，《人文地理学问题》，葛以德译，北京：商务印书馆1993年，第5—6页。

竭力划清人文地理学与地理决定论的界线，认为人文地理学并非一种简单粗暴的命定论；不仅自然环境作用于人类，影响其境遇，人类也作用于自然，改变自然、征服自然："在其存在的初期，人类当然是自然的奴隶，即依附者。但这个裸体和赤手空拳的人，由于其智慧和主动性，很快就成为对环境施加强大影响的一个因素。他成为彻底改变自然景观的一个自然因素，他创造一些新的动植物组合，创造从事灌溉种植业的绿洲，改变像荆棘、荒原这类侵害森林的植物群系。而这些改变又已扩展到广大地区，因为有过从一个人类集团到另一集团的迁移活动和借用、仿效的行为。人类社会的主动性使他们活动的范围延伸越远，取得的成果越多，他们施加于自然的这种活动也就越丰富、越强烈。有过这样一些人类活动深刻改变自然状态的事例：在古代，不列颠群岛是在已知世界的尽头，处于偏僻的位置，在从新大陆的发现和殖民开始的新时代，它占据了中心的位置。在我们这个时代，由于科学所提供的武器和交通运输对征服距离的保证，人类施加于自然的活动更增强了。因此，从整个以往时期内人类劳动成果的本身构成了这个环境——影响人类生活的地理环境。"[1]

尽管如此，无可否认，至少在文明起源的问题上，地理和自然因素发挥了至为关键的作用，否则根本无法解释为什么最早的文明都诞生在地势低平、气候温暖、降雨量适中（或者说

---

[1] 德芒戎，《人文地理学问题》，第 7 页。

能获得足够多的农业用水）的大河流域——比如埃及的尼罗河流域、西亚的两河流域、东亚的黄河-长江流域和南亚的印度河-恒河流域，也无法解释为什么最早的文明都诞生在北纬23度至38度之间，更无法解释为什么即便在当今这个劳动生产率高出古代成千上万倍的"后工业"时代（而非在生产力水平低下、交通不便的古代），世界人口绝大多数也仍集中在地势低平、适合农耕的地带。所以，地理决定论这顶帽子不可乱扣。

地势低平的地方大多有大江大河。这里不仅有丰富的降雨量（但也不像热带雨林地带那样降雨量过大，气候太炎热，表层土壤里的有机物被迅速分解，故而不适合原始条件下农业的萌生），也有灌溉之利和水上交通之便。与大江大河紧密相连的，是大片适合农耕的肥沃土壤。此外，正因为这些地方是大平原，陆上交通也更容易发展起来，这对于文明的萌生及进一步成长也是一个非常重要的条件。事实上，德芒戎《人文地理学问题》立论的根本，恰恰在于地理自然因素对于人类文明和社会发展的极端重要性。文明在其萌生期，地理自然条件是关键的关键。而一旦文明诞生了，之后怎么发展，原初地理因素或许就不如在文明萌生时期那么重要了，因为此时已有文明所产生的具有叠加效应的技术与文化成果——如在金属冶炼基础上迅速发展起来的各种技术；如在人口大增的情况下出现的组织复杂、规模较大因而效能高得多的集团合作——可资利用，以应对大自然的挑战。只有在此意义上，德芒戎批驳地理决定论所举的例子才能成立。目前，人类活动范围已扩大到并不适合居住的南极地区，甚至已扩展到了外太空。未来人类更可能移民到太阳系之外的其他星球。

以上论点如果用问题的形式来表述也许更有力：为什么各主要文明都诞生在北纬 23 度至 40 度之间？为什么自文明诞生，及至工业化开始的 18 世纪中叶，全世界人口的 70% 集中在东亚、东南亚、南亚、西亚和欧洲这一总面积仅 1 100 万平方公里的狭长地带？[1] 这显然是因为：这一地带因气候相对温和、降水量大体充足而拥有大量适合农耕的土地。纵观人类发展史，不难发现，世界人口分布呈现出这么一些规律：（1）暖湿地区（温带、亚热带）人口高度集中，而寒带和干燥地带人口则稀少得多，而过于炎热和潮湿（在古代这使农业开发难度太大）的热带地区人口也相对较少；（2）大河流域集中了大量人口，最古老的文明都是沿着尼罗河、底格里斯河—幼发拉底河、黄河、长江、印度河等大型河流兴起的；（3）人口趋于集中在低平的地区："海拔 200 m 以下的陆地占总面积（不包括永久冰盖）的 27.8%，居住在这里的人口却占全世界的 56%；200—500 m 的陆地面积占 29.5%，人口为 24%；500—1 000 m 的陆地面积占 21.5%，人口为 12%；而 1 000 m 以上的陆地面积占 21.7%，人口比重仅为 8%。"[2]

---

[1] 费尔南·布罗代尔，《15 至 18 世纪的物质文明、经济和资本主义》（三卷本），顾良、施康强译，北京：三联书店 1992 年，第一卷，第 64—65 页。

[2] 张善余，《人口地理学概论》，上海：华东师范大学出版社 2004 年，第 282—283 页。

仅从中国来看，其人口分布像任何文明区域的人口分布那样，明显受到地理自然条件的制约。有论者说，我国"东南半壁地势平缓，气候暖湿，人口高度密集；西北半壁地势高峻，气候干冷，人口远为稀疏。如果从黑龙江省的黑河往云南省的腾冲划一条直线，其东南一侧占国土总面积的42.9%，人口占全国总人口的94.3%，西北一侧分别为57.1%和5.7%。2000年，前者（含台湾、香港和澳门）平均人口密度高达每平方公里296人，后者仅为每平方公里14人，相差达21倍。在东南一侧，以江河沿岸冲积平原和沿海平原人口最为稠密，如珠江三角洲人口密度超过每平方公里1 000人，长江下游和杭州湾沿岸平原超过每平方公里900人，黄淮海平原和四川盆地也达到每平方公里600至700人。在西北半壁，人口主要集中在河谷地带和绿洲，大面积上人口均极度稀少，其中以藏北高原和塔克拉玛干沙漠为主的无人区占了全国总面积的十分之一。此外，帕米尔高原、阿拉善高原、呼伦贝尔高原以及青藏高原的大部分地区，人口密度亦仅在每平方公里1人左右。人口分布明显地趋向于沿海，越往内地，人口越稀少"[1]。

　　也应注意，无论在历史上什么时期，也无论在何地理区域，生产力水平越是低下，人类对于环境的依赖程度就越高；而以上对人口分布特点的描述不仅适用于近代以前的人类社会，在不小的程度上也适用于现代社会。

---

[1] 参见张善余，《人口地理学概论》，第290—292页。

这大致就是使用"地缘共同体"概念的主要理由。其实，尽管国内国外似乎还没有其他论者使用这个概念，但已有人旗帜鲜明地从地理自然角度来审视文明，如历史学家费尔南·布罗代尔。他认为，影响一个共同体或文明的精神特质的最根本因素，是地理和自然环境："讨论文明就是讨论空间、土地及地貌、气候、植物、动物种类，以及自然或其他方面的优势。讨论文明也就是讨论人类是如何利用这些基本条件的：农业、畜牧、食物、居所、衣着、交通、工业等等。"[1]这显然是一种空间的视角，导向这一结论：一个文明的价值观、思维方式和风俗习惯等方方面面，是为其所在的地理自然环境所根本决定的。这里，布罗代尔试图在文明所处的地理自然环境与其精神品质和历史现时表现之间建立一种因果关系。恰成对照的是，更为"主流"的文明论者或"历史哲学家"——如斯宾格勒、汤因比、索罗金、奎格利、墨尔科等人——根本不探讨文明精神特质形成的原因，而是径直把人人都能观察到的作为历史事实的文明，当作其立论的出发点，或者说一个人人都接受的假定、一个无需讨论的前提。这些"主流"文明论者的进路并非没有缺陷。如果采用他们的文明概念，那么，撒哈拉以南的非洲和东南亚的文明类型会显得异常复杂，几乎不可能归类。这是因为在这两个地区，历史上曾有过多个外来文明侵入、殖民，甚至时至今日，也仍在对其施加影响。

---

[1] Ferdinand Braudel, *A History of Civilizations* (translated from the French by Richard Mayne), London: Allen Lane, the Penguin Press, 1994, pp.9-10.

以东南亚为例。该区域各国地理位置和自然条件大致相同，即都处在热带或亚热带，都沐浴着丰沛的季风雨，都年年遭受台风袭击，都被海洋包围，各国大多数地方距海岸都不是太远（印度尼西亚有"万岛之国"之称，菲律宾也由上千个岛屿组成），故而发展了与航海密切相关的生活方式。不仅如此，东南亚各国的历史经验也十分相似。自古以来，东南亚就是多个大陆文明的竞技场。早在公元纪年开始之前，印度人便借着经商、传教（其所传宗教前前后后有婆罗门教、佛教和印度教）进入该地区。15世纪，伊斯兰教经由南亚次大陆传入东南亚。[1] 同样，在公元纪元开始后的最初几百年，中国人也开始了与东南亚的商贸往来，开始有少量移民扎根当地；16世纪以后，中国人移民东南亚的规模明显加大；19世纪末至20世纪前三十年，中国人移民东南亚更有爆发式的增长。[2] 16世纪以降葡萄牙人、西班牙人侵入东南亚；后来又有法国人、英国人和荷兰人的到来。"二战"期间东南亚被日本人占领。1960至1970年代更有苏联卷入。不难看出，各种势力你方唱罢我登场，没有一种外来势力最终胜出，取得绝对主导地位。

若采用传统的文明概念和分类，东南亚是个异常棘手的问题。它到底属于哪个文明？如果采用空间视角，东南亚的情况一下子变得清晰起来，其历史上存在过的多个政治实体受不同

---

[1] 赫尔曼·库尔克、迪特玛尔·罗特蒙特，《印度史》，王立新、周红江译，北京：中国青年出版社2008年，第181—189页。
[2] 孔飞力，《他者中的华人：中国近代移民史》，李明欢译，南京：江苏人民出版社2016年，第50—56、255—260页。

文明的作用，各种势力犬牙交错、此消彼长的复杂画面，顿时被统一在一条清晰的地缘-历史脉络中，即相同的地理自然环境及其所导致的相似的经济、文化和政治命运。

同样，某两三个甚至更多相互毗邻的人类集群虽并非不可归类为不同的"文明"，但若撇开表层差异和传统的文明分类，则这些人类集群很可能有一种深层意义上的共性，甚至是一套共同的文化"基因"。例如近一百年来，论者普遍认为存在着西方、东正教、伊斯兰这三个独立的"文明"，而划分出这三个文明的最重要依据是宗教，即西方基督教、东正教和伊斯兰教。[1]然而相同或相似和差异是相对的。虽然这些宗教（及相关教派）被给予了不同的名称，虽然它们各自都代表了一个超大的历史文化共同体，拥有数量巨大的信众人口，可是一旦把它们与南亚和东亚的文明—宗教加以对比，它们之间的家族性相似立即突显出来。事实上，西方基督教、东正教、伊斯兰教这三大宗

---

[1] 文明研究中一个不可回避的情形是，文明与宗教的内涵往往不可截然区分，或者说对文明的分类往往与对宗教的分类纠缠在一起。如果对宗教作一种狭义的理解，譬如崇拜某个或某些特定神祇、为此目的建立神龛、举行相应的宗教仪式，对宗教与文明的区分可能相对容易一点。如果对宗教作某种宽泛的理解，如将它视为一宏大的文化场域，涵括在不同形式的价值预设或信念中，表现为在社团和家庭内进行的形式多样的崇拜活动或宗教实践，与之相关的艺术表现样式和文学活动，以及其他相关的观念、习俗和行为模式等，则宗教和文明的内涵必然发生重合。这种重合往往是多方面的，而且重合程度往往很高。有时二者的重合如此全面，重合程度如此之高（如伊斯兰文明和伊斯兰教的情形所示），以至于就文明或宗教的分类而言，我们很可能弄不清究竟是在探讨文明还是在探讨宗教。关于"文明"与"宗教"的内涵重叠，参见阮炜"文明研究"系列之《文明理论》（上海：上海三联书店 2021 年 12 月）第二章"文明与宗教"的详细讨论。

教及相应文明都结构性地秉有叙利亚文明[1]和希腊罗马要素，而相同或相似的文化基因恰恰源自此三大宗教所共享的地理缘分。至关重要的，是这么一个事实：此三大宗教及相应文明都起源于同一个超大的地缘文化单位，即西亚地中海世界。[2]

---

[1]　"叙利亚文明"即通常所谓"希伯来"文明。为什么叫作"叙利亚"文明，而非"希伯来"文明？在通常所谓"希伯来"文明背后，是一个比听上像是一个单一民族的文明即希伯来文明宏大、深厚得多的文明。这个文明或"社会"有"叙利亚""黎凡特""闪米特""巴勒斯坦""迦南""近东"或"中东"等名称。它并非单单由希伯来民族或犹太民族所创造，而是在长期历史演进和社会进化中，在汲取此前整个西亚两千年文化成果之基础上，由多个民族（或多种"文化"）所共同造就，所以是一个多民族的文明。这些民族中不仅有讲闪米特语的亚摩利人、迦南人、腓尼基人、亚述人、亚兰人（即阿拉姆人）、希伯来人，也有血缘和语言上与闪米特族和闪米特语毫无关系的非利士人、撒马利亚人、埃及人、赫梯人等。叙利亚文明的发祥地也并非局限于现叙利亚，而是历史上的"叙利亚"或"叙利亚-巴勒斯坦"地区，包括现以色列、巴勒斯坦、约旦、叙利亚和黎巴嫩等地。这仅仅是"叙利亚"本土。这个文明的覆盖范围还可以包括埃及（尤其是尼罗河河谷和尼罗河三角洲地带）、小亚细亚南部沿海地区、塞浦路斯岛、西西里岛，甚至北非现突尼斯沿海地区。与"叙利亚文明"密切相关的概念还有"叙利亚社会"和"叙利亚宗教"。以上参见阿诺德·汤因比，《人类与大地母亲》，徐波等译，上海：上海人民出版社1992年，第156—157页。

[2]　西亚地中海世界的文明演进远比华夏世界和南亚次大陆的情形复杂。在这个世界的两个区域即两河流域和尼罗河流域，公元前3000年前便诞生了最早的人类文明。这两个文明之间最初并没有发生太多互动。然而自公元前15世纪上半叶起，情况突然发生了变化。在埃及法老图特摩斯三世在位短短二十年期间，埃及军队十五次远征西亚。自此，两个古老文明开始了密切互动。公元前6世纪上半叶，波斯人建立了地跨三大洲的庞大帝国，把两个地区更紧密地联系在一起——两个地区富于成果的文化融合进程开始了。前332年，原本半野蛮的马其顿人征服了希腊，之后更是征服了埃及和整个西亚，建立了庞大的希腊人帝国，后来成就更大的罗马帝国又取代了希腊人帝国，这就使西亚地中海世界文化一体化进程大大加速，最终使建基在叙利亚和希腊罗马文明整合上的三个新文明——基督教、伊斯兰教和东正教文明——得以形成。因此可以说，西方文明的前身为希腊罗马文明的说法很不准确。西方文明的前身是悠久得多、大得多的西亚地中海文明。

属于一特定国家或文明的人们既然与特定的地理自然环境先天性地联结在一起，他们的文化特征、历史记忆乃至情感投注，就必然与生活其中的地理自然环境不可分割地黏合在一起了。也就是说，他们的"文化身份"在很大程度上产生于地理自然环境，产生于他们与地理自然环境的有机结合，产生于他们与特定自然地点（如山脉、河流、平原、谷地）和人文地点（如城市、广场、庙宇、教堂）的有机结合。换句话说，一个共同体的文化同一性或其"身份""认同"与其所处的地理自然环境紧密结合在一起、捆缚在一起，都"有赖于人类和生物本性之间关系的性质，其中的生物本性既包括种族和血缘的，也包括土壤和国土的"[1]。在文化认同、宗教信仰或"民族感情"的意义上，属于某个特定文化共同体的人们几乎无例外地都会崇拜特定的自然或/和人文地点，并拥有与这些自然或/和人文地点紧密联系的、使其"文化身份"得以确立的记忆、符号、神话及其他遗产。

在很大程度上，古老文明的文化形态和精神气质源自其所处的特定地理自然环境。这一点自不待言。即使像美国这么一个非常年轻的国家，其民族意识的形成过程，也不可能没有特定的地理自然因素、特定的地点参与其中。事实上，美国人的"文化身份"与特定的地理自然环境和独特的人文地点紧密勾连在一起："随着美国宪法的形成，美国被看成一个独立

---

[1] 约瑟夫·弗里德里希·克拉托赫维尔，《文化和认同：国际关系回归理论》，金烨译，杭州：浙江人民出版社 2003 年，第 181 页。

的地方，这使政治独立或政治联合变得合法。约翰·杰伊[1]在形成美国的精粹文本'联邦文件'中，首先要求特殊地点的存在，唤起一个独特的'此处'：'独立的美国经常给我万分的愉悦，特别是当我看到它不是由支离破碎的、偏远的领土组成，而是一个连接在一起的、肥沃的国家，是我们西方的自由之子'……19世纪，美国自我意识的民族文学和艺术中对大自然和自然地点的再现占据了重要位置……特殊美国文学的产生强烈地依赖于对地方的描述，例如，梭罗的瓦尔登湖、马克·吐温的密西西比河、斯坦贝克的中央峡谷，还有福克纳的约克那帕塔法郡。伟大的吟游诗人沃尔特·惠特曼在《草叶集》中赞美了泛神论和异教信仰与习俗散布的自然状态。地区的变换中出现了对地点的召唤。"[2]

也正是由于源自特殊地点的精神要素是文化身份得以确立的根本因素，人们会本能地捍卫这些被叫作"文化"的记忆、符号、神话、习俗以及其他遗产，使它们制度化、仪式化、永久化（尽管这并非意味着完全排斥外来文化）。全世界的穆斯林基于神圣经书《古兰经》中的诫命对麦加天房的朝觐，全世界的犹太人对于圣城耶路撒冷的神圣情感，全世界的中国人或海外华人对祖坟的拜祭、对祖屋和祖先牌位所在

---

[1] 约翰·杰伊（John Jay，1745—1829年）出生于英属美洲组约州，为政治家、革命家、外交家和法学家。他与本杰明·富兰克林和约翰·亚当斯一同出使法国，与亚历山大·汉密尔顿和詹姆斯·麦迪逊同为《联邦党人文集》的作者。
[2] 克拉托赫维尔，《文化和认同：国际关系回归理论》，第188—190页。

地的特殊情怀，全世界的印度教徒对圣河恒河与其他圣地的虔敬和崇拜等，都不可简单地用"宗教行为"或"宗教感情"一类描述来打发掉，而应视为具有某特定精神特质的人类借着特定的地点来表达其文化认同的特定方式，或者说，借着特殊地点来重申其存在论意义上的"我是谁"或"我就是我所是"的手段。

在长达两三千年的"散居"中，分布在欧洲、北非等地的犹太人经历了与祖先的土地巴勒斯坦失去空间联系的痛苦。为了维系其文化同一性，犹太人在其民族心灵中灌输了对圣城耶路撒冷和其他圣地的狂热崇拜，这不啻是把空间因素纳入希伯来主义[1]文化身份的建构之中，使这种因素成为犹太人文化身份的一个有机组成部分（当然，为了维护其文化同一性，犹太人发展出了一种文明史上罕见的排他意识，这集中地体现在极端化的唯一神信仰及相关教义、族内婚传统、割礼这一人为制造的生理符号等方方面面。除此之外，以拉比为骨干的读经、释经活动和种种崇拜活动、独特的风俗、礼仪和节庆——除了割礼，还有成丁礼、赎罪日、逾越节、五旬节、住棚节等——也明显加强了犹太人的希伯来主义身份意识）。尽管心理意义上的民族空间并不是实然意义上的主权国家空间，但无疑起到了维系民族文化身份的作用，对历史上犹太人"保文保种"的事业贡献极大。及至 20 世纪中叶，出于诸大国二战后的政治

---

[1] 关于"希伯来主义"，参见本书"释义"的有关条目。

斗争的需要，犹太人得以在祖先生活过的土地上建立了现代以色列国家。目前，在维系文化身份方面，散居全世界的犹太人可以依赖的东西比从前更多，不仅有与传统唯一神信仰紧密相连的心理要素和独特风俗、礼仪和节庆，更重要的，还有建立在实然领土上的犹太国家。

但也应当看到，与其他文明相比，犹太人建构和维系其文化身份的故事是非常独特的。更常见的情形是，一个民族或文明的同一性从来就与特定空间紧密联系在一起，不可分割。根本无法想象，数千年来其同一性与南亚次大陆紧密相连的那个文明一旦失去了南亚次大陆，还能否叫作印度文明；数千年来其同一性与黄河和长江流域紧密相连的那个文明一旦失去了黄河和长江流域，还能否叫作中国文明。当然，有不少海外印度人和海外华人，虽远离故土，却仍被视为印度人和华人。这里，种族或生理特征固然起了一定作用，但与空间或地点意义上的文明紧密相连的文化同一性是更关键的因素。换言之，海外华人和印度人之所以具有其所呈现出来的那种文化身份，很大程度是因为空间意义上的"中国"和"印度"的地理缘分。随着中国和印度重新崛起，恢复其历史上的相对地位，海外印度人和华人对于位处特定地理位置的印度国家和中国国家的认同势必加强，这意味着他们身上的"印度性"和"中国性"也将进一步加强。这里的"印度性"和"中国性"不是随波逐流的浮萍，而是扎根于地缘印度和地缘中国之特定地理空间和自然环境的历史文化同一性。

二、"远亲不如近邻"

回到"远亲不如近邻"这句话语上来，事实上，古往今来，无论在东方西方，无论在何文化区域或者说"文明"中，空间毗邻关系都会导致利益相关性的产生或加强。用通俗的话来讲，邻里间要相互帮忙。

事实上，邻里互助是一种普遍的人类现象；人科人属之所以能够在与其他物种包括其他人科动物的竞争中胜出，包括邻里互助在内的个体间密切合作是最关键的原因。在波兰农民当中，普遍存在着一种收获季节时邻里互助的悠久习俗，即所谓"特劳卡"。直至 1970 年代，类似的风俗习惯在意大利农村仍然存在。[1] 水利灌溉——如筑坝、修渠、疏浚河道、排洪治涝等——就更是需要大量而复杂的协作了（就所谓"亚细亚生产方式"而言，尤其如此）。既然一家一户不可能做这种大事情，于是邻里们自然而然地组织起来，为了共同的利益而进行密切的合作。在很大程度上，国家正是在人类个体和集团的越来越复杂的合作过程中诞生的。德芒戎写道："在北美洲的狩猎民族阿尔昆琴人那里，每一个部落的土地，都从远古的时候起就

---

[1] 菲利克斯·格罗斯，《公民与国家：民族、部族和族属身份》，王建娥、魏强译，北京：新华出版社 2003 年，第 204—206 页。

划分成地段，分配给各个单一的家族。这个家族的集团组成一个真正的社会单元，这个单元的纽带不是亲属关系，而是同一地段同一块土地上的权力共同体。"[1]

关于基于土地而非血缘的合作，德芒戎还说："阿尔昆琴人这些地段的面积，在部落地域的中部，平均为200—400平方英里；边缘部分则2—4倍于此。每个家族在他的地段内狩猎。狩猎的规定是：猎食的份量只能相当于动物自然增殖的那一部分。他们有意识地在每一猎季之后留下足够的动物，以保证来年的供应。他们知道，轻率地滥行猎杀，将使家族有挨饿的危险。在哥伦布时期之前的美洲，所有的狩猎区域内都存在着同样的组织。在澳大利亚的原始居民中，各个部落也同样有权在明确划定的一块土地上采集和狩猎；在部落地域的内部，每一个家族单元也享有类似的权利。在农业居民中，作为社会纽带来说，土地的基础就更有理由胜过心理学的基础。所有的农业社团，都有一个把他们拴在土地上的那些纽带所决定的结构：起因于防卫的需要，尤其是因共同劳动需要而在村庄中的聚居；根据作物从一块地到另一块地的轮茬而建立的极有规律的使用耕地的组织；土地界限的永久性；某些地区的灌溉设施——它们的位置支配着耕地的地域分布……'村社是给予人类一种以土地而不是以亲属关系为基础的地方政府的手段'。"[2]

---

[1] 德芒戎，《人文地理学问题》，第10页。
[2] 同上书，第10—11页。

这里，所谓"同一地段同一块土地上的权力共同体"其实就是国家的雏形。阿尔昆琴人这样的狩猎部落之所以能够实现超越血缘甚至"强于血缘"[1]的社会团结，恰恰因为唯如此，他们才能最大限度地（所谓限度当然与生产力水平密切相关）利用其共同拥有的土地和自然资源；唯如此，他们才能实现自己利益的最大化。事实上，较小的人类群体由于毗邻居住而进行合作的事例如此普遍，基于空间、土地的合作对于民族、国家乃至文明的形成如此重要，以至于把各人类集团中的合作习俗或制度视为一种民族、国家或文明的品质或性格，没有任何意义。

既然承认邻里合作是一种普遍的人类现象，也就应承认，人类个人和集团之间的利益相关性会随着距离而减弱。比方说，在交通手段不发达、全球化程度仍然较低的时代，中国对中东、欧洲和非洲的兴趣显然不如对周边地区的兴趣大。同样，在中世纪末期"发现"美洲大陆之前，西欧人对周边地区的兴趣仅仅局限在现东欧和中东。即便在全球化程度极高的当今时代，在没有能源、资源的考虑或特殊地缘政治考量的情况下，距离同样会导致利益相关性的弱化，也就是说，一个国家对另一个国家的相对兴趣也会随着距离增加而减弱。因为仅仅由于地缘因素，它已经与周边国家有了密切的经济关系和政治交往，更不要说在领土（但愿领土争端随着东亚各新兴国家的

---

[1] 德芒戎，《人文地理学问题》，第10页。

逐渐成熟，随着这些国家之间持续多年的勘界工作完成后即告结束）和大量相关政治问题上，一个国家不得不与周边而非远在几千公里以外的国家发展更密切的联系。这就是为什么欧盟对美洲、南亚、撒哈拉以南非洲、东亚国家的兴趣明显不如它对其周边国家如土耳其、摩洛哥、突尼斯、利比亚、埃及、叙利亚的兴趣大，尽管远在东亚的中国、日本这样的经济政治大国实在太过重要，对它来说是一个例外。美国就更加特殊了。这也是为什么形形色色的区域组织如安第斯共同体、东南非共同市场、西非国家经济共同体、东非共同体、东南亚联盟、中国—东盟自由贸易区、南亚区域合作联盟、北美自由贸易区等都是区域内而非跨区域的合作组织。即便区域外国家比区域内国家更重要，距离也会导致国家间的利益相关性弱化。

　　与上述情形密切相关的极重要的一点是，在人类社会（这在当前主要表现为民族国家，在一定程度上也表现为"文明"）的历史和现时互动中，空间毗邻和地缘连续及一体化所产生的利益相关性，在相当大程度上体现在较低的交往成本和较高的交往效率上。也就是说，作为近邻的国家或地区之间的信息、人员、技术、资金、产品和服务的流动与并非近邻的国家和地区相比，更为方便、更为快捷，流动成本也更为低廉。在相邻的共同体之间，往往还存在着较高程度的文化亲缘性和互容互纳甚至互助的关系。这也是一个非常重要的凝聚因素。这是因为，文化亲缘性和互容互纳性能够使相关人类群体之间的交往成本进一步降低，交往效率进一步提高，总体地缘整合成本因而进一步下降。较低的交往成本和较高的交往效率意味着较高的劳动生产率，用直白的市场经济术语来讲，就是产品和服务具有更强的竞争力，而这种更强的竞争力恰恰源于那种使所有各方受益的根本性的空间毗邻关系。从本质上看，这种情形是先天性地缘格局所导致的一种现实的或潜在的利益扩增。不用说，在这个你中有我、我中有你的全球化时代，空间毗邻关系或地缘连续性、一体性的重要性前所未有地突显。

不妨用中国-日本和欧洲-俄罗斯的关系来阐明这一点。当黄河和长江流域的人类已经拥有相当高程度的文明时，日本列岛的人类依然处于蒙昧状态。然而，日本列岛恰恰毗邻中国大陆。正因为如此，那里的原始部落能够方便地利用这种空间优势，较快地学习和吸纳中国的文化和技术，"跨越式"地进入一个较高的社会发展阶段。另一方面，甲午战争后乃至1970年代末，不同时期的中国开展改革开放运动时，发现与之一衣带水的日本是学习的榜样。它不仅有资金，也有先进的生产技术和管理理念；发现自己能借地利之便迅速引进日本的资金、技术和管理文化，以迅速提高自己的工业化水平，迅速增强自己的综合国力。

从欧洲方面来看，18世纪以前俄罗斯原本处在较低的社会发展阶段，缺乏先进技术，也渴望先进技术。此时，它发现技术上先进得多的西欧恰恰是邻居。这就使彼得大帝于17世纪末能够亲自率领一支工匠队伍到西方秘密考察，很快掌握了其先进技术（尤其是造船技术）及相应文化，最终使得一直被陆地锁闭的俄罗斯国力大增，打败了波罗的海强国瑞典，一举夺得了在波罗的海的出海口。从文明间关系的宏观角度看，如果没有这种毗邻关系，俄罗斯不太可能参与西欧人的全球扩张，冷战时期的苏联也就不太可能是一个全球性大国，尽管一直以来，俄罗斯与西欧之间存在着结构性的博弈关系。

当然，不同人类集团之间因空间上邻近而进行合作尽管是一种普遍性的人类现象，但这绝非意味着不同种族、民族、国家或文明之间只有合作，而没有对立甚至冲突。事实上，不同人类集团之间总是会有这样那样的恩怨、龃龉、对立、冲突甚至战争。正如日常生活中所常常见到的那样，"近邻"也常常有妒忌、吵架、斗殴的发生。尽管如此，合作终究是人之所以成其为人的一种更重要的属性。研究表明，从生物学角度看，遍布全球的当今人类属于同一个种族，即智人，而智人在艰苦的生存斗争中之所以能够比其他物种——尤其是其他人科物种如南方古猿、能人、直立人和尼安德特人等——胜出一筹，是因为他们聚成社团合作的能力明显强于其他物种，包括人科动物在内。不妨再以近代以来的欧洲为例。历史上欧洲各国之间虽然战争不断，甚至打了两次惨烈的"世界"大战（实际上是欧洲大战），然时过境迁，"二战"结束以后，欧洲人终于意识到，民族国家及相应主权观念并非绝对神圣；国家间若能彼此合作，各自所能得到的利益远大于彼此间不停地争斗；从历史上看，同文同种却分裂为多个民族国家的政治安排不仅得不偿失，甚至几乎使整个欧洲面临灭顶之灾。从 1950 年代起，为了避免欧洲内部再次发生"大战"（防范苏联集团是一个同样重要甚至更为重要的动机），欧洲成立了西欧联盟、欧洲自然贸易联盟、欧洲共同体、欧洲经济共同体等政治、经济和军事性质的合作组织，这些组织后来演变为目前整合程度远高于其他区域组织的欧洲联盟。

必须承认，一直以来，各有关国家对超国家的欧盟的态度存在差异。例如在 2004 年版《欧盟宪法条约》[1]问题上，德国未启动全民公投便通过了《欧盟宪法条约》草案；恰成对照的是，2005 年 5 月和 6 月，法国、荷兰却就该条约草案分别举行了全民公投，以明显多数将其否决，使得欧洲一体化进程遭受重挫。可是从长远看，欧洲一体化进程是不可阻挡的，甚至可以说，一部经过修订从而有望得到各国认可的真正意义上的欧洲宪法获得通过是迟早的事。2004 年版宪法条约未获通过的根本原因，是欧洲精英阶层与民众之间在欧洲一体化进程上的认知差距，或者说，欧洲一体化进程过快。为什么说过快？更富裕的西欧各国尚未来得及整合 2004 年刚合并进来的八个不富裕的东欧国家，便有法国、荷兰就《欧盟宪法条约》草案举行全民公投之事。不那么具有全局观念和长远眼光的民众觉得，此条约草案如获通过，自身利益将受到东欧人的威胁。他们认

---

[1] 2004 年 6 月 18 日，欧盟 25 个成员国在比利时首都布鲁塞尔举行首脑会议，一致通过了《欧盟宪法条约》草案的最终文本。同年 10 月 29 日，欧盟 25 个成员国的领导人在罗马签署《欧盟宪法条约》。但该条约草案必须在欧盟全部成员国根据本国法律规定，通过全民公决或议会投票方式批准之后方能生效。

为政府为了欧洲统一的远景目标,把纳税人的钱过多地用在东欧人身上。当然,条约草案被否决的一个直接原因,也在于当时欧洲经济连续多年表现不佳,各国就业状况恶化。

法国、荷兰在全民公投中否决《欧盟宪法条约》后,欧盟陷入制宪危机,机构改革议题也被迫搁置。但仅仅在两年三四个月以后的 2007 年 9 月,被视为《欧盟宪法条约》简约版的《里斯本条约》便诞生了(而在此前的 2007 年 3 月,各国领导人在纪念欧盟成立 50 周年时通过了《柏林宣言》,就修订一份新的欧盟条约达成共识)。及至 2009 年 11 月 3 日,27 个欧盟成员国已全部批准了该条约。《欧盟宪法条约》被法国和荷兰否决后,欧盟领导人采取了更加务实的态度。在 2007 年 6 月的峰会上,有关领导人充分考虑到相关国家间的意见分歧,在新条约中剔除了"宪法"字眼,舍弃了容易让民众产生交出国家主权的感觉的"盟旗""盟歌"等内容,增添了一些使欧盟决策过程更透明更民主的条款;为了照顾部分成员国的利益,还灵活地增加了一些"个案处理"规定。这就使新条约的诞生几无悬念。2009 年 10 月 29 日,27 国领导人一致同意,欧盟将"以一种令捷克及其邻国都能接受的方式",使捷克在履行《欧盟基本权利宪章》方面享有一定的豁免权。2009 年 11 月 3 日,捷克批准了《里斯本条约》,至此欧盟所有成员国都批准了该条约,条约于 2009 年 12 月 1 日生效。比之《欧盟宪法条约》,《里斯本条约》更为明确地承认了相关国家的发展程度差异,对现实做出了较大让步,内容虽大为简化,甚至没有"宪法"的名分，却保留了宪法条约的实质内容。

眼下，在规模稳步扩大（英国脱欧后，还有 27 个正式成员国）的基础上，欧洲联盟已不仅仅代表一个文明或历史文化共同体，也不仅仅是一个经济共同体——像其前身欧洲经济共同体那样，而已然成为一个准政治实体，而且出现了一种获得越来越大的实质性超国家权力的趋势。不仅已成立了欧洲议会（European Parliament，为欧盟的立法、监督、预算和咨询机构，其地位和权力正逐步扩大）这种全欧立法机构，还成立了欧盟理事会（Conseil de l'Union européenne 或 Rat der Europaischen Union，由欧盟各成员国政府部长组成，各国在理事会中都有一名代表或"理事"，为欧盟主要决策机构之一）和欧盟委员会（European Commission，欧盟的常设执行机构，也是欧盟唯一有权起草法令的机构）这种全欧决策和管理协调组织。除上述欧盟三大机构外，还设有欧洲法院（European Court of Justice）这一全欧司法机构、欧洲中央银行（The European Central Bank，总部位于法兰克福）这一负责欧盟欧元区金融与货币政策的机构。上述各机构都已在执行种种可谓全欧政府的职能。此外，还设立了欧盟委员会主席、欧盟理事会主席等重要职位。凡此种种表明，欧盟已成为世界范围诸多区域合作组织中最具实质内容的一个，已演变成一个最具权威性和效能的超国家合作组织，甚至已产生了一部虽不尽人意、却聊胜于无的宪法条约，即《里斯本条约》。只要欧洲人一如既往，继续淡化民族国家意识，在未来某个时候，欧洲完全可能转变为一个欧洲合众国。

应当看到，近年来反全球化逆流、移民问题、英国脱欧、新冠疫情、经济低迷等因素使欧洲一体化进程明显放慢了速度，甚至有可能使其原地踏步多年仍毫无进步，即便2022年的俄乌冲突也未必能根本刺激一体化进程的加速，可从趋势来看，欧盟未来几十年拥有统一外交身份和外交政策的可能性仍然相当大，除非各国精英乃至一般民众根本不把自己的长远未来当一回事，在国际事务中愿意听人摆布，任人宰割，而非用一个声音讲话，除非各成员国根本没有意愿形成一种统一的地缘战略身份和统一的外交身份，除非欧盟根本没有意愿去填补当前美国政府退出国际事务而留下的空间。[1]尽管乌克兰危机并没能明显加快欧洲一体化的进程，各国在禁运俄罗斯石油、天然气问题和芬兰、瑞典加入北约等问题上分歧明显，但在2020年的新冠疫情肆虐期间，欧盟各国深切地认识到，只有密切合作才是摆脱危机的良方。为了应对疫情所造成的严重经济衰退，27个成员国向更具深度的一体化迈出了重要的一步。各国举行了为期五天的谈判，讨论了一个拟议中高达1.8万亿欧元的经济复苏计划。尽管所谓"节俭四国"即富裕的荷兰、瑞典、丹麦、奥地利与疫情期间损失更大、经济也更孱弱的意大

---

[1] 福尔克尔·佩尔特斯（德国科学与政治基金会执行主席、德国国际政治与安全事务研究所所长）语，《中美对抗成国际关系一种新范式——专访德国科学与政治基金会执行主席佩尔特斯》，载《参考消息》2020年7月20日第14版。

利、西班牙、希腊、波兰等国利益诉求不同，为此相关国家在谈判中发生了激烈交锋甚至争吵，但结果仍是令人鼓舞的：在各方做出妥协后，最终达成了把赠款和贷款形式的复苏基金维持在 7 500 亿欧元的共识。[1] 尽管花了整整四天四夜时间，发生过激烈的争吵，但 27 个成员国仍就一个重大问题达成了一致。欧盟做出重大财政决定的效率虽然远不能与拥有真正的中央财政、可以执行转移支付的中国相比，但相关国家终究能够为共同体全局利益着想，成功克服了局部利害分歧。这说明，重大危机很可能成为进一步整合的促进因素。

从以上讨论可知，民族国家的理念虽兴起于欧洲，但"二战"后相关国家在区域一体化方面却取得了大大高于东亚、南美、南亚区域的成绩，而且尽管有诸多不利因素，一体化势头却并没有减弱的迹象。这多少表明，民族国家并非人类政治组织形式常态，更非最佳政治组织形态。这不仅能从欧洲以外其他文明的历史中得到大量佐证，也能从欧洲本身的历史演进中得到佐证。从起源上看，民族国家只是欧洲历史上一个特定时期的一种特定政治安排或政治形式，在欧洲三千年历史上仅通行于 17 世纪至今。[2] 如果说一度斗得你

---

[1] 此处信息来源为《欧盟领导人围绕经济复苏计划发生激烈交锋》文，参见英国《卫报》网站 2020 年 7 月 19 日电、《法新社》布鲁塞尔 2020 年 7 月 19 日电，以及《德国之声》电台网站 2020 年 7 月 19 日报道；另参《欧盟各国为复苏计划激烈交锋》，载《参考消息》2020 年 7 月 21 日第 3 版。
[2] 《简明不列颠百科全书》（12 卷本），北京、上海：中国大百科全书出版社 1986 年，第 8 卷，第 156 页。

死我活的欧洲各国之间尚能进行如此富于成效的合作，且迄于今日已较大程度搁置了彼此间的国家界线乃至实际边界争议，那么其他区域的人类之走上一条相同或相似的道路，也并非不可能。这一切并非空穴来风，而有着深植于人性的合作本能——使人成其为人的合作本能——的根本原由。在文明演进的长河中，正是由于合作这一根本的人类属性，较小的人类集团逐渐演变为较大的人类集团，原始部落逐渐演变为大型部落联盟，进而再演变成国家乃至超大国家。也正是由于合作这一根本的人类属性，较小的人类群体得以逐步打破血缘壁垒和地域界线，最终形成了所谓"文明"，而在全球化和区域一体化运动如火如荼的当今时代，比国家和文明范围更大的人类集团间的合作——跨国家、跨文明、跨区域的人类集团间的合作——已成为一种普遍现象。

目前，一些文化共同体在一定程度上已经实现了这种跨国家、跨文明合作。例如，当今欧盟不仅是西欧天主教—新教文明内部国家间合作的结果，也是西欧天主教—新教文明与东南欧东正教社会（现代希腊是东南欧东正教社会最重要的代表）跨文明合作的产物。也不排除这种可能性，即在未来四五十年乃至一个世纪以内，出现一种既有基督教国家（天主教—新教国家）、犹太教国家即以色列，也有伊斯兰国家如土耳其以及摩洛哥、阿尔及利亚、利比亚等阿拉伯国家参与的跨文明整合，也未可知。另一些文化共同体目前虽然尚未实现这样的合作，但明显具有合作的潜力，也在很大程度上表现出了合作的意愿，如南亚各国、东亚—东南亚各国。把这些共同体称作"地缘共同体"并非空穴来风。

三、地缘共同体与国家、文明的关系

在充分意义上的全球文明或人类命运共同体最终形成前，从疆域规模和人口、经济规模的角度看，地缘共同体高于和大于传统意义上的文明，而低于和小于全球文明。因此，可以将地缘共同体视为全球文明的一种预演或准备，甚至可以说，地缘共同体是一种准全球文明、准人类命运共同体。同样重要的是，使用"地缘共同体"概念意味着这样一种希冀：在不久的将来，居住在地球上的不同区域的民族、国家或通常被叫作"文明"的人类集群的特质或身份，将不再以"文明"或"文化"为转移，而将以共同的人类物质福乐和精神福祉为依归。它将建基在对社会公正、社会平等、法治等普遍价值的充分肯定和认同上。简而言之，地缘共同体的最终归宿，将是全球文明即人类命运共同体。

为了深入探讨"地缘共同体"究竟为何，不妨先看看传统的"文明"概念。从文化特质的角度看问题，传统意义上的"文明"往往不是一种单质的历史文化现象，而是秉有不止一种文化特征或生命形态的历史文化共同体。在大多数情况下，这样的大型共同体生活在一个相对固定的地理范围之内。例如，属于印度文明的人们大多生活在南亚次大陆；属于西方文明的人们在公元 1500 年之前主要生活在欧洲中部和西部，尽管 16 世纪以后迅速扩张到南北美洲、澳大利亚、新西兰和非洲南部等地；属于伊斯兰文明的人们主要生活在从北非、中东至阿富汗再至印度尼西亚这一狭长而广阔的地带；属于中国文明的人们主要生活在现中国及其周边地区；属于东正教文明的人们主要生活在欧洲东部及乌拉尔山脉以东的亚洲北部和东北部；而属于中国文明一个变体的日本人则主要生活在日本列岛。作为一个拥有独特宗教和文化的人类群体，犹太人在历史上大部分时间寄居在多个文明区域——亚洲西部、非洲北部、欧洲和美洲各地。他们并不享有固定的疆域。这是一个例外，但究竟存在一个"犹太文明"与否，毕竟是有争议的（这取决于如何定义"文明"；也许，把犹太信仰文化视为欧洲乃至西方文明的一个核心成分更为恰当，因为从公元纪年开始前后，犹太民族的生命经历便与欧洲人的生命历程不可分割地捆缚在一起了）。

"地缘共同体"与传统意义上的"文明"之间有一个关键性区别，那就是，前者侧重对一个地缘单位之内不同人类群体或民族、国家等所处地理位置和自然环境的考量，也更侧重于特定地理自然环境对各相关人类群体、民族、国家等所能产生的长时段、结构性的影响，往往指一个特定空间范围之内不止一个"文明"或历史文化实体的集合；后者则更侧重于某特定历史文化形态与共享该历史文化形态的人类集群。在同一个地缘共同体（如东亚、南美或中西欧等）内，不同"文明"之间，不同人类集团或政治实体的互动相对来说更为频繁，彼此之间的联系也更为紧密。适成对照的是，在不同地缘共同体之间，不同"文明"之间、不同人类集团或政治实体的互动相对来说就不那么频繁，在 16 世纪以前，甚至根本没有或只有极少的互动。使用地缘共同体这个概念也意味着，论者虽然仍将沿用传统意义上的"文明"和"文化"概念，但是通常作为价值形态、生活方式的"文明"或"文化"将不再是主要的考察对象。因为要考察一个地缘单位之内不同人类族群乃至政治实体之间古往今来的相互影响、合作、冲突乃至整合，尤其是要从它们之间复杂的互动和交往格局中梳理出其未来的可能走势，传统"文明"和"文化"概念虽然仍有裨益，毕竟已不能完全胜任，甚至有明显缺陷。

也未尝不可以把地缘共同体视为一个地缘性的历史文化共同体，一个拥有共享的历史记忆、相同或相似的文化特质，甚至拥有较高经济政治整合度的地缘集合体。因为在这个意义上的共同体中，不同人类集团古往今来一直生活在一个共同的且相对固定的空间之内，古往今来一直在这种共享的空间范围内生长繁衍、彼此交流、相互影响、一同发展。几无例外的是，这些人类群体之间会有这样那样的恩恩怨怨、龃龉冲突，甚至可能会发生战争。但也正因为如此，这些人类群体渐渐获得美国政治学学者大卫·维尔金森所谓"社会黏合剂"或"文化黏合剂"[1],容易统合成一个文化、经济乃至政治意义上的共同体。而这样的共同体像维尔金森所提出的"中央文明"[2]那样,是"时空上相连接、由一些具有因果关系性质的因素——包括冲突、战争、共同发展——和某种程度上具有重大意义的因素——共同的意识、对差异的认知和对抗——整合的种种社会文化现象构成的混合体"[3]。换句话说,相邻民族、国家或文明正因长期生活在一个共享的地缘单位之内,而先天地、历史地、不可选择地彼此联系在一起,结合在一起,不可逃避地在此基础上进行不同形式和不同程度的合作、互动和整合。可以说,不同人类群体能够毗邻而居,是一种先天性资源,是一种缘分。正是因了这一缘分,相邻的民族、国家乃至文明会区域性地享有一种共同的历史记忆(尽管如此,本书的注意力仍将

---

[1] 大卫·维尔金森,《文明、中心、世界经济和贸易区》,载安德烈·贡德·弗兰克、巴里·K·吉尔斯(编),《世界体系:500年还是5000年?》,郝名玮译,北京:社会科学文献出版社2004年,第271页。

[2] 按照维尔金森提出的"中央文明"概念,迄于公元19世纪,世界上仍然存在五六个独立的文明,但是现在只剩下一个了。这个独一无二的文明,便是公元前1500年左右埃及与两河流域文明在西亚相遇、碰撞和融合中形成的。他把它之为"中央文明"。这个"中央文明"融合了叙利亚、希腊罗马、西方、东正教、阿拉伯伊斯兰、伊朗伊斯兰等汤因比分类中的多个文明;印度文明在11世纪穆斯林入侵与18世纪西方人入侵之间被并入;中国文明在鸦片战争、第一次欧洲大战、被纳入"国联"等历史事件中被并入;日本则是在东亚与太平洋战争中战败后,被美国强制进行政治体制改造的1950年代被并入的。参见 David Wilkinson, "Central Civilization", in Stephen K. Sanderson (ed.), *Civilizations and World Systems: Studying World-Historical Change,* Walnut Creek (USA): AltaMira Press, 1995, pp.46-52。

[3] 大卫·维尔金森,《文明、中心、世界经济和贸易区》,载弗兰克和吉尔斯(编),《世界体系:500年还是5000年?》,第271页。

放在地缘共同体的其他方面）。

由于本书主要是从地缘毗邻关系所带来的互动，而非文化形态或国际政治的角度探讨那些超大型的人类集群的现状和未来走势，经济因素势必成为主要考察对象。因此，所谓"地缘共同体"将主要是地缘经济共同体，而不是地缘政治意义上的共同体。至少就目前而言，还没有任何迹象表明，一个地缘共同体必然是国家与国家，甚至文明与文明的地缘政治联盟。欧盟显然是一个特例，尽管这种深度的跨国合作机制包含政治联盟、整合甚至统一的可能性。相反，根据可以观察到的情形，一个地缘共同体必然是由国家与国家，甚至文明与文明所构成的经济乃至社会共同体。正是因了这一缘故，本书将更为关注在地缘意义上的共同体内部，各人类集团之间从古到今的经济互动和合作，以及它们未来在更大程度上进行经济互动和合作的可能性。也就是说，本书的注意力将较少集中在这些人类集团的政治表现，即它们在政治上的相互影响、龃龉、冲突或合作。

另一方面，本书使用地缘共同体概念，所要关注和讨论的对象，虽然主要是不同人类集团之间的经济和文化互动（而非政治合作或冲突），但在某些情况下，对峙性、冲突性的地缘政治现实却是很难回避的。如冷战时期苏联及其周边东正教国家为一方的华沙条约组织与西欧（西方文明的亲体）和美国、加拿大等国（西方文明的子体或变种）为另一方的北大西洋公约组织，就可以视为两个超大而且相互对立的地缘政治集团。

不仅两者都是跨国家、跨文明的巨大政治联盟，而且两者各自在亚洲、非洲和拉丁美洲还有许多盟国。这意味着无法排除这种可能性：一个地缘意义上的大型人类集团很可能是一个地缘政治共同体，很可能是那种与通常意义上的民族国家相似的地缘政治集合体，亦即一个具有统一意志和极强动员能力的政治行为体。

地缘共同体也是一种直观的或看得见、摸得着的空间格局。更重要的是，它是一种先天性的空间安排。正因为这空间安排是先天的，所以是不可更改、不可逃避、不可复制的。基于这种空间格局，一地缘共同体不仅意味着其内部不同地区、国家或"文明"之间存在文化亲缘性和密切的经济、政治互动关系，更意味着它们之间一直存在着某种现实或潜在的政治整合势能。从根本上讲，地缘共同体依赖于其先天而不可更改、不可取消的地缘一体性。作为一个不可逃避的空间格局，地缘共同体也可视为一种有关人类群体所不得不面对的空间现实。除此以外，使用地缘共同体概念也意味着，不仅要考察已然发生的历史事件和正在呈现的现时代情形，更要放眼于未来的可能性，因为，与其说地缘共同体已然是一个普遍存在的经济、文化乃至社会政治现实，不如说是一种基于现实情形中已初露端倪的可能性而对文明的未来走势所做的分析、考量和展望。简而言之，地缘共同体（尤其是东亚意义上的地缘共同体）是一个愿景。

如果把重点放在各个大型人类集群的文化-宗教特征本身，

而且不使用那种过分严格以至于拘泥的"文明""文化"的定义，那么地缘共同体也可以视为一种地缘-文化连续体。因为在文明分类上，往往会出现这种情形，即某两三个或更多的空间毗邻的大型人类集群虽然通常被给予不同的名称，被归入不同的"文明"或"宗教"，可是如果抛开表层差异，则它们很可能享有一种根本性的家族性相似，或一套共同的"文化基因"。

如果接受这一认知，那么北非、小亚细亚、中东以及西欧、中欧和东南欧即欧盟区域这一广大区域完全可以视为一个单一的地缘-文化连续体。从历史上看，这一地缘-文化连续体的文化认同建立在两种主要宗教——伊斯兰教和基督教的基础上。尽管一直以来，这两种宗教之间龃龉、冲突不断，但是它们具有共同的叙利亚和希腊罗马文明的根源，都结构性地秉有叙利亚和希腊罗马文明的精神、物质和制度要素，即同根同源。多多少少正是因了这种文化关系，19 世纪以来欧洲以其先发优势对北非、小亚细亚和中东已进行了一定程度的整合。

如果说北非、中东、小亚细亚和中西欧区域可以合在一起，被视为一个潜在的超大地缘-文化共同体，那么在未来某个时候，也许在下一个世纪，也许在更遥远的未来，包括俄罗斯在内的多个东正教（以及基督一性论派）国家与西中欧国家，也可以合在一起成为一个超大的地缘-文化连续体（尽管俄罗斯与西方历来龃龉冲突不断，在 2004 年底的乌克兰大选中、在 2008 年的俄罗斯—格鲁吉亚冲突中，以及在目前仍未结束的乌克兰危机中，俄罗斯与西方之间一直都进行颇为激烈的较量）。理由是，在这些东欧的东正教国家和基督一性论派国家与西中欧之间，不仅存在着地缘一体性，而且与西中欧国家一样，都结构性地秉有叙利亚和希腊罗马文明的基因。

同样，中国、日本、朝鲜、韩国、蒙古国与各东南亚国家一道，也可以视为一个地缘-文化连续体。尽管中国大陆与日本和印度尼西亚等国（"南海"或"南洋"）被滔滔大洋所分隔，但是15世纪以来，中日韩与东南亚地区的经济交往日益频繁。目前，包括中日韩和东南亚各国在内的整个东亚的经济整合正如火如荼，东亚自由贸易正迅速成为现实。此外，中日韩三国之间的政治、经济和军事博弈与三百多年来俄罗斯与西欧的角逐也不无相似之处。

与传统意义上的文明一样，一个地缘共同体应该拥有一个甚至两三个核心国家。作为其所在区域的最主要的经济政治实体，核心国家的根本作用在于对其他国家或地区的带动和整合作用，也就是说，凭借其大得多的经济规模，凭借其制度要素和文化能量，把自己和周边国家或地区凝聚成一个具有高度集团效应或"合力"的地缘集团。甚至可以说，没有一个甚至两三个核心国家，就根本谈不上具有实质性意义的地缘共同体，至多只有一种谈不上什么整合、无法形成集团合力的地缘连续体。从古到今的非洲就属于这种情况。核心国家的出现是有条件的，即它必须享有一种适宜的地理自然环境，在此基础上发展出较大的经济规模、较发达的文化（包括价值体系和制度安排）和相对稳定的社会政治结构。唯其如此，它对周边国家或准国家才可能产生吸引力和感召力，成为被仿效的对象；唯其如此，它才可能长时期、结构性地向周边输出文化、技术和制度。周边国家或地区则主要为所在区域提供人力和自然资源（现代资本主义兴起之后，则是在更大的程度上提供自然资源），同时也贡献自己的文化和技术成果。

由于核心国家拥有比周边地区更多（甚至多得多）的文化、技术、政治和军事资源，它（们）很可能历史地、无可选择、无可逃避地对其所在的地缘共同体负有责任，对其政治格局、经济秩序、文化状况乃至长远发展负有责任。核心国家还应努力树立一种公正、道义的形象，一种充满力量的权威形象。这种形象对于整个地缘单位的整合极为重要。这里，最关键的因素并非核心国家是否恰恰处在空间意义上的中心位置，而在于它是否拥有较大的人口、经济规模和较强的文化-技术能力[1]，简单说来，在于它是否拥有较大的"文明规模"[2]。这些因素不仅有利于加强核心国家内部不同地区和利益集团的经济、政治和文化一体化，提高其劳动生产率，也赋予其一种强大的政治、经济和文化吸引力，使其对周边较小政治实体产生一种巨大的感召力，成为它们竞相模仿和赶超的对象。换个角度看，只有具备了巨大的文明规模和相对稳定的社会政治结构，一特定地区或共同体方能成为其所在的地缘世界的中心或核心，方能在经济、政治和文化上对周边国家或地区发挥长期

---

[1] 关于"文化-技术能力"，参见本书"释义"部分有关条目。
[2] 关于"文明规模"，参见本书"释义"部分有关条目。

的榜样和整合作用，最终将它们吸引到共同发展的轨道上来。

使用地缘共同体概念，意味着像奥斯瓦尔德·斯宾格勒、菲利普·巴格比和阿诺德·汤因比那样把有史以来的人类文明划分为八个、九个或二十一个的做法[1]将受到质疑，因为这种分类法有一个明显的缺点，即过分偏重特定人类集群的历史文化特征本身，而忽略了形成这些历史文化特征的地缘环境和自然条件，忽略了不同文明之间基于地缘连续性的经济、政治、文化互动以及承前启后的关系，以及产生于这些互动和承前启后关系的地缘、历史与文化连续性。使用这种分类方法，仅仅在西亚地中海世界，就可以划分出埃及、苏美尔、克里特、迈锡尼、赫梯、巴比伦、叙利亚、希腊罗马、西方、伊斯兰和东正教等十几个主要文明。这其实非常烦琐。尽管这些"文明"之间的承续关系（后起文明是先发文明的继承者，而非相反）并没有被完全否认，它们之间的历史连续性却容易遭到忽视。结果必然是：那种此起彼落、此消彼长的历史情形受到不必要的强调，那种明显缺乏空间连续性因而过于碎裂、散乱的历史景观过分抢眼。

使用这种传统分类法，就不得不像汤因比那样，把各人类社会划分为"亲体文明"和"子体文明"。或者像巴格比那样，把各人类社会划分为"主级文明"和若干个"次级文明"。甚至像费尔南·布罗代尔那样，把主要的文明细分为四个级次（尽管他使用的地理视角颇具启发意义），例如第一级次的西方

---

[1] 关于文明的分类，参见阮炜"文明研究"系列之《文明理论》第二章"文明与亚文明"小节的讨论。

文明包括欧洲、美国、俄罗斯、拉丁美洲这四个第二级次的文明；第二级次的文明如欧洲文明又包括法国、英国、德国的文明等第三级次的文明；第三级次的文明如英国的文明还包括更次一级即第四级次的文明，例如苏格兰、爱尔兰和威尔士的文明。这种做法难免失于支离，伤于烦琐，甚至可能使"文明"这个概念丧失其应有的认知价值。[1]

还应注意的是，使用"地缘共同体"概念，并非意味着拒绝、排斥甚至否定长期以来被普遍接受的文明分类，如我们在斯宾格勒、汤因比、巴格比、布罗代尔等人的体系中所见到的那样，而是要增加一个新的视角，以便从总体上更清晰地认知人类文明的历史演进和现时表现，把握其未来走势。尤其应当注意的是，在人类目前仍然分裂为二百来个民族国家的情况下，在民族国家仍然是最主要的认同（利益和情感意义上的）对象、最具动员效力的政治单位的情况下，地缘共同体应主要是一种经济、文化乃至社会意义上的共同体。

一般说来，一个地缘共同体应该由一个或两三个跨国家、跨民族的核心区或核心国家充当其主体（该核心区或核心国家具有强大的经济动能，在政治上可能是统一的或统一程度并不太高，与通常意义上的"文明"没有本质区别），但基于不同国家和地区之间的经济合作，借着最终形成一个经济共同体即实现彼此利益最大化的那种内在需要，它将表现出一种越来越

---

[1] 参见 Ferdinand Braudel, *A History of Civilizations* (translated from the French by Richard Mayne), London, Allen Lane, the Penguin Press, 1994, p.12。

强大的整合势能。也就是说，地缘共同体会超越传统"文明"的那种较为狭小的空间范围，对传统意义上属于不同文明的国家或地区进行经济乃至文化整合，形成由两个甚至多个"文明"或"亚文明"构成的区域性共同体或行为体，所以可以视为一种由不同人类文化集群所构成的跨"文明"集合体，或地缘经济、地缘文化意义上的整合体。甚至不排除这种可能性：随着区域一体化和全球化进程的推进，在未来几十至一百年里，人类社会中将出现几个跨文明的超大地缘政治联合体，尽管因那时全球化程度比现在高得多，也因这些地缘政治联合体相互间的经济、政治和文化联系也比现在紧密得多，要在它们之间划出泾渭分明的界线来，可能非常困难。

四、地缘共同体的划分

使用"地缘共同体"概念，可以自然而然地把中国及其周边国家视为一个地缘经济-文化共同体，姑且称之为"东亚共同体"或者"东亚文明"。这个地缘共同体包括中国文明的衍生形态即朝鲜、韩国和日本、人口达 6.55 亿的东南亚联盟（从文化形态看，东南亚并非不可以视为一个集印度文明、中国文明、伊斯兰文明和西方文明于一身的混合型文明；虽然有海洋阻隔，但在近现代之前好几个世纪里，这一广大区域的各地区、各岛屿之间便已有贸易和人员往来，故而有理由把它看作一个自成一体的地缘集合体[1][2]，以及与中国有着不可分割的历史、经济和文化联系的蒙古国。由于东亚内部一直存在着经济整合的强烈需要和强大势能，目前它已对俄罗斯远东地区、澳大利亚、新西兰[3]，以及哈萨克斯坦、塔吉克斯坦、吉尔吉斯斯坦和乌兹别克斯坦这四个中亚国家进行着相当大程度的经济整合。种种迹象表明，这些国家和地区在经济上对东亚的依赖程度已相当高，而且越来越高，甚至可以说，已离不开东亚[4][5]，在可见的将来，东亚共同体对周边非东亚国家的整

---

[1] 此处可参见阮炜"文明研究"系列之《文明理论》第二章"缠绕'文明'的三个概念"的相关讨论。关于东南亚被更大的地缘政治经济共同体整合的可能性，也可参见扫罗·科恩提出的政治意义上的"碎裂带"概念，《一个四分五裂的世界的地理与政治》，载 Peter J. Taylor, *Political Geography: World-Economy, Nation-State and Locality*, London: Longman, 1985, pp.44−45；杰弗里·帕克，《地缘政治学：过去、现在和未来》（英文原版 1998 年出版），刘从德译，北京：新华出版社 2003 年，第 115 页。

[2] 当然，也完全可以像汤因比那样，把"日本文明"看作古代中国文明的一个衍生物或亚形态。

[3] 就主导性的文化和种族特征而言，这三个地区前者属传统意义上的东正教文明，后二者属欧洲文明。

[4] 张秋生，《澳大利亚与亚洲关系史：1940—1995》，北京：北京大学出版社 2002 年，第 207 页。

[5] 以澳大利亚为例。自 1972 年中国与澳大利亚正式建立外交关系以来，双边贸易额迅猛发展。目前，中国是澳大利亚第一大贸易伙伴，最大的出口目的地和最大的进口来源地；相比之下，澳大利亚则只是中国第八大贸易伙伴。据中方统计，2009 年中澳双边贸易额为 800.8 亿美元，2011 年升至 1 180.7 亿美元（参见《2011 年中澳贸易额同比增长 30.9%》，载中国产业研究网 2012 年 4 月 7 日），至 2018—2019 年度已达到 2 350 亿澳元。实际上，早在 1990 年代中期，澳大利亚对东亚各国的出口便已占其出口总量的 60%，而当前（2020 年）所占比重应在 90% 以上。

合程度将进一步提高。

使用地缘共同体概念，从一个较长的时间跨度看（如一两百年以后），并非不能把以法国、德国、英国为主体的西欧、中欧与东南欧、土耳其、以色列、北非乃至中东阿拉伯国家视为一个地缘共同体，姑且称为"欧亚非共同体"或"欧亚非文明"。这个共同体不仅属于同一个地缘单位，从历史上看，也有着共同的文明起源、相同或相似的文化宗教，尽管其发祥地并非欧洲，而是西亚北非。由于这一缘故，也由于历史上大部分时期西亚长期处于文明的中心，欧洲则位处边缘，所以把"欧亚非共同体"称作"亚非欧共同体"也未尝不可。众所周知，这个超大地缘共同体的幼年期是公元前 3000 年左右在北非和西亚同时诞生的两个第一期文明，即埃及和苏美尔。埃及和苏美尔文明的发祥地是两个大河区域——尼罗河流域和两河流域。在历史进程中，这两个第一期文明达到发展顶峰时，在地理上把亚非欧紧密联系起来的爱琴海地区，又出现了克里特和迈锡尼文明。后来在前 8—6 世纪，希腊人在亚洲的小亚细亚西岸和欧洲的希腊半岛崛起。略晚一点，罗马人于前 4—3 世纪在意大利半岛崛起，于前 2 世纪中叶征服了希腊人。[1] 与此同时，西亚文明也发生了从苏美尔至巴比伦、再至叙利亚（即希伯来）等形态上的嬗变。

亚历山大东进后，希腊罗马文明与叙利亚文明进入了迅速整合期，至公元纪年后 200 年至 300 年，混血成一个新文明。这个

---

[1] 罗马人的文明通常被叫作罗马文明，但不少历史学家使用一个更大的"希腊罗马文明"概念，这意味着罗马人的文明是这个更大的文明的一部分。

文明虽然包含不少希腊要素，但核心成分却是叙利亚形态的基督教。此即后来西欧文明的前身。再后来，西欧文明扩张到南北美洲、澳大利亚等地，被叫作"西方文明"。当然，在中世纪大多数时候，亚非欧文明重心并非在欧洲，而是在西亚和欧洲东南部和南部，其中心城市是君士坦丁堡、开罗、巴格达、大马士革等地。这一时期，欧洲中部西部因经济落后，城镇规模和文化创造力是无法同西亚相比的，遑论东亚。中世纪晚期，意大利半岛北部因同西亚、南亚和东亚（经西亚中转）的贸易再度繁荣起来，但即便此时，也未能取代西亚的中心地位。只是在现代资本主义兴起尤其是工业革命以之后，西欧才真正由边缘变为中心。[1]

从目前来看，欧亚非共同体大致已可视为一个以西欧为核心，以东欧（东正教国家除外）、土耳其、以色列和北非、中东诸国为外围的地缘共同体。2020年，有27个欧洲国家是该共同体的核心组织欧洲联盟的成员。目前，欧盟已包括大多数东欧和部分东南欧国家，而除俄罗斯以外的欧洲周边国家对欧盟经济的依赖度已达到很高的程度。但是，从其核心区即欧盟区来看，人口老龄化已成不可逆转之势，所以，主要国家德

---

[1] 参见萨米尔·阿明，《世界一体化的挑战》，任友谅等译，北京：社会科学文献出版社2003年，第44—46页；Dieter Senghaas, *The Clash within Civilizations: Coming to Terms with Cultural Conflicts,* London and New York: Routledge, 2002, pp.93-95；也参见恩里克·迪塞尔文，《超越欧洲中心主义：世界体系与现代性的局限》，载弗雷德里克·杰姆逊、三好将夫（编），《全球化的文化》，马丁据1998年版原书译，南京：南京大学出版社2002年，第4—5页；安德烈·贡德·弗兰克，《白银资本：重视经济全球化中的东方》，刘北成译，北京：中央编译出版社2000年，第12、373—380页。

国、法国、意大利等已大量接纳新近加入欧盟的中东欧国家、土耳其和北非的移民以保持经济活力，尽管这也导致了不少问题。有论者认为，从巴黎到阿姆斯特丹，从布鲁塞尔到柏林，几十年来自由开放的移民政策在欧洲政坛打下了深刻的烙印。好几百万移民基本上来自北非、土耳其和西南亚，而且大部分是穆斯林。他们改变了基本上是白人基督徒的欧洲的面貌；但是，许多北非移民因未能与整个社会融为一体，而引起了强烈的排外反应，所以某些欧洲学者和政界人士主张"采取有效的措施教育他们"，以让他们"进一步了解欧洲文化"，让他们"汲取建立在自由和民主基础之上的文化价值观"[1]。

尽管存在着诸多问题，包括对来自周边国家的穆斯林移民的整合问题，迄至今日，欧盟经济一体化进程进展还算顺利；欧洲政治一体化进程虽然遭受了不少挫折[2]，但是历史地、宏

---

[1] 克劳德·萨尔哈尼，《欧洲失败的多边文化主义》，《华盛顿邮报》2004年12月11日，载《参考消息》2004年12月14日第6版。

[2] 不仅法国和荷兰在2005年否决了《欧盟宪法条约》草案，而且由于2008年金融危机的影响，西方各国经济低迷，欧盟区出现了民众排斥外国移民的浪潮，多国实行关闭或限制外国货物和人员出入边境的政策（参见 Carla Power, "Border Control: Fear of Foreigners is Gripping Europe Just When its Economy Needs Them Most", *Time*, March 5th, 2012, pp.45-48）。很明显，这些做法不利于欧洲一体化进程，不仅不符合相关各国的长远利益，而且对于恢复疲弱经济这一当务之急还会起相反的作用。2016年，英国就脱欧或留欧举行了全民公投，结果脱欧派胜出，这就更引人注目了（经过三年艰苦谈判，英国于2020年1月31日在法律上正式脱离欧盟）。这对欧洲一体化进程当然是一次沉重打击，至于英国经济在脱欧后能否走得更好，还有待时间考验。未来英国经济若并不见改善，反而明显变得更加糟糕，也不能排除这种可能性——在将来某个时候，再举行一次全民公投，决定是否重新加入组织即欧盟大家庭。

观地看，一体化的速度仍相当可观。随着时间的推移，这个以欧盟为核心的跨"文明"共同体基于其共同的一神论宗教底色的现代文化，以其固有的经济合作势能，最终把埃及、约旦、叙利亚、伊拉克、沙特阿拉伯、伊朗等中东国家整合进来的可能性也并非不存在。[1]甚至不排除这样的可能性：在遥远未来的某个时候，通常的地缘界限乃至文化政治隔阂被最初打破，乌克兰、白俄罗斯、格鲁吉亚、阿塞拜疆、亚美尼亚乃至俄罗斯本身也与中欧西实现了较高程度的整合。

使用地缘共同体概念，可以把以俄罗斯为核心的东正教文明（除俄罗斯外，还有白俄罗斯、乌克兰、格鲁吉亚等国）与周边的伊斯兰国家如哈萨克斯坦、吉尔吉斯斯坦、乌兹别克斯坦、塔吉克斯坦、土库曼斯坦，以及阿塞拜疆和亚美尼亚（该国历史上的主要宗教为信仰基督一性论的基督教派别）视为一个地缘共同体，曰"欧亚共同体"或"欧亚文明"。但是，由于在地理上横跨亚欧两大洲，也由于特殊地缘格局和历史原因所导致的文化认同上的不确定性，更因核心国家——俄罗斯——人口萎缩，经济缺乏活力，经济规模不大，在未来某一时期，也可能在较为遥远的未来，这个跨文明集合体的西伯利亚地区、远东地区和中亚诸国在一定程度上将面临整合进东亚共同体的可能性，而其主体部分即俄罗

---

[1] 关于中东各国被欧洲整合的可能性，可参阅扫罗·科恩提出的政治意义的"碎裂带"概念，载 Peter J. Taylor, *Political Geography*, pp.44−45；也参见上引帕克，《地缘政治学》，第 115 页。

斯欧洲地区及周边东正教国家则在一定程度上将面临整合到欧亚非共同体里的可能性。

使用地缘共同体概念，可以把以印度为中心的南亚世界——除印度外，还有巴基斯坦、孟加拉国、尼泊尔、斯里兰卡、不丹、马尔代夫等——视为一个地缘共同体，或者说"南亚文明"。事实上，早在1985年，这些国家便成立了"南亚区域合作联盟"。[1]南亚不仅是一个天然的地缘连续体，而且有关国家之间有着密切的经济联系和相同或相似的文化，分享着相同或相似的社会和政治经历，因此完全可以视为一个地缘经济-文化意义上的共同体。从宗教格局看，南亚与欧亚非较为相似。巴基斯坦和孟加拉国主要信奉伊斯兰教，斯里兰卡主要信奉佛教，而印度和其他国家则主要信奉印度教。伊斯兰教和西方文明又先后进入并且统治该地区。1947年，英国人让印度和巴基斯坦独立，搞印巴分治，在次大陆引发了大规模的骚乱和流血冲突。1947年以后，南亚又发生过不止一次以印度教印度为一方、伊斯兰教巴基斯坦为另一方的"文明冲突"。直到最近，印巴两国在克什米尔的领土争端仍远未得到解决，甚至不时发生武装冲突。然而，因南亚空间格局很紧凑，更因这里有着基于毗邻性的区域经济一体化的内在需要，近年来这里的"文明冲突"似乎已有了一定程度的缓和。从长远看（如几十年乃至一百年后），印巴矛盾可能还会进一步缓和，甚至

---

[1] 库尔克、罗特蒙特，《印度史》，第428页。

可望得到根本解决。随着南亚当之无愧的核心国家印度经济的持续发展，南亚各国很有可能在印度主导的"南亚区域合作联盟"的框架里实现实质性的经济整合，各国之间的经济互补性和依赖度将进一步提高，南亚地缘共同体也因而将有更为突出的表现。也不排除这种可能性，在可见的将来，南亚共同体把邻近国家如阿富汗等整合进来。

使用地缘共同体概念，可以把北美洲两国与墨西哥视为一个基于天然地缘单位的经济-文化共同体，权且称之为"北美共同体"或"北美文明"。这是一个跨文明的地缘共同体；从文化宗教看，由欧洲文明的一个衍生体——新教的美国和加拿大与欧洲文明的另一个衍生体，即在经济上跟美国和加拿大捆绑在一起、宗教上却有所不同的天主教墨西哥构成。1992 年，美国、加拿大和墨西哥三国签署了《北美自由贸易协定》，正式成立北美自由贸易区（North American Free Trade Area，即 NAFTA）。1994 年 1 月 1 日，该协定正式生效。三个会员国必须遵守协定规定的原则和规则，如国民待遇、最惠国待遇及程序上的透明化等，以实现其宗旨，消除贸易障碍。该自由贸易区之内国家的货物可互相流通并减免关税，而对贸易区之外的国家则仍然维持原关税及壁垒。自由贸易区的核心国家毫无疑问是美国，但墨西哥从自由贸易协定中似乎受益最大，而美国却有点吃亏，所以特朗普上台后以美国利益受损为由，要求重订条约。三国经过了短暂谈判，于 2018 年 11 月签署了一个新贸易协定，即《美国—墨西哥—加拿大协定》。

使用地缘共同体概念，也因相关国家社会经济发展程度相近、文化相同或者相似，可较为方便地把南美与加勒比海各国视为一个地缘经济-文化共同体，权且称之为"南美与加勒比国家共同体"。这大体上是一个由欧洲文明的变体——天主教拉美文明所构成的共同体。仅就南美而言，一体化运动开展得比较早。最初在1969年，就已成立了安第斯国家共同体（Comunidad Andina de Naciones，简称CAN），由哥伦比亚、秘鲁、智利、玻利维亚和厄瓜多尔五国组成。1991年，阿根廷、巴西、乌拉圭和巴拉圭四国签署了《亚松森条约》，宣布建立南方共同市场，简称"南共市"。之后，南共市先后接纳智利、玻利维亚、秘鲁、厄瓜多尔和哥伦比亚为其联系国。这个组织是世界上第一个完全由发展中国家组成的共同市场，宗旨是通过有效利用资源、保护环境、协调宏观经济政策、加强经济互补，促进成员国科技进步，最终实现经济政治一体化。2004年12月8日，第三届南美国家首脑会议在秘鲁古城库斯科举行，正式成立了几乎囊括所有相关国家的南美国家共同体，由玻利维亚、哥伦比亚、秘鲁、厄瓜多尔和委内瑞拉五个安第斯共同体成员国和阿根廷、巴西、乌拉圭和巴拉圭四个南方共同市场成员国，以及智利、圭亚那和苏里南共12个南美洲国家组成；2007年4月12日改名为南美洲国家联盟。这是南美一体化进程中具有里程碑意义的历史事件，必将推动整个南美和加勒比区域的经济和社会整合。从种族构成看，南美和加勒比地区的人种属于混合类型，高加索人种即白人的比例低于北美，而印第安人、黑人和混血人种的比例则高于北美。但这种情形并不影响区域一体化进程。由于巴西人口多达 2.1 亿（2019 年），法制相对健全，社会相对稳定，经济和科技也相对发达，是南美与加勒比国家共同体当之无愧的核心。

使用地缘共同体概念，还能方便地得出这一认知，即存在着一个严格地缘意义上的"非洲文明"。比之欧亚非地缘共同体、南美与加勒比国家地缘共同体、北美地缘共同体，非洲似乎更应被视为一个天然的地缘连续体。这里指的是撒哈拉沙漠以南的非洲，再加马达加斯加。相比之下，在地缘连续性方面，东亚似乎略逊一筹：除中国大陆外，它还包括诸多岛国，如万岛之国印度尼西亚、同样由大量岛屿构成的菲律宾等。欧亚非共同体因被分割成中西欧、中东和北非三大板块，因地中海、黑海的阻隔，地缘连续性也不如撒哈拉以南的非洲。然而，尽管撒哈拉以南非洲是一个近乎完美的地缘整体，但由于气候、地形、地貌以及其他条件方面的不利因素，目前其总体经济和社会发展程度乃至地区间的文化连续性、凝聚力都低于其他几大洲。

撒哈拉沙漠以南非洲的地理自然状况尤其值得注意。在这片广袤的区域，由于地形和地貌起伏太大，内陆河流大部分河道都不适合航行，而较大的水流落差又使内陆各地区原始居民之间交通运输和信息交流非常不便。除适合通航的河道十分匮乏以外，热带雨林地区的原始森林也阻碍了不同地区之间的交通，加剧了撒哈拉以南非洲内陆各地区间的封闭性，而这种封闭性对于当地生产力进步缓慢负有极大的责任。[1]由于地理自然方面的诸多不利因素，非洲生产力的发展十分缓慢，迄于今日竟还没有一个国家建立起了一个完整、自足的工业体系，各国经济在市场、资本和技术等方方面面都过于依赖欧洲、美洲和亚洲的大型经济体，彼此之间的经济联系太少，经济整合程度十分有限，实质统一的非洲市场形成更是遥遥无期。[2]此外，过于巨大的疆域和十分不利的地形地貌导致各主要地区之间交通不便，进而导致各主要地区之间社会文化联系薄弱。这意味着各地之间缺乏地区性整合，甚至一国之内也存在着相当大的种族、地理、宗教、文化和经济发展差异，这对非洲的整体发展来说非常不利。凡此种种表明，撒哈拉以南非洲很难被视为传统意义上的"文明"，甚至可以说比之其他地缘共同体，"非洲文明"在更大程度上只能被视为一个地缘连续体，而只在较小程度上才可被视为一个地缘经济集合体，或者说，非洲仍不宜被视为一个地缘经济共同体，尽管已成立了一些区域联盟组织。

虽然存在着非洲统一组织（成立于 1963 年）这一全非洲协调组织，虽然存着南部非洲发展共同体、东南非洲共同体、西非国家经济共同体、东非共同体，以及中部非洲经济和货币

---

[1] 联合国教科文组织（编），《非洲通史》第一卷，载艾周昌（主编），《非洲黑人文明》，北京：中国社会科学出版社 1999 年，第 29 页。
[2] 朱宁等，《下个世纪谁最强》，沈阳：辽宁人民出版社 1997 年，第 264—265 页。

共同体等区域化组织[1]，但这些区域组织所能发挥的作用毕竟较有限，与欧盟式的超国家、准邦联组织相比，差距巨大，甚至与南方共同市场、南美国家共同体以及南亚区域合作联盟等区域组织相比较，也存在相当大的差距。因此，尽管存在南非这样的经济大国，尽管存在人口达 1 亿以上的尼日利亚这样的人口大国，但无论从幅员、位置、文化感召力还是从综合实力来看，这两个国家都还算不上真正意义上的非洲核心国家，与东亚的中国日本、南亚的印度、北美的美国相比尤其如此。这意味着，在可见的将来，由这两个国家中的任何一个甚或由它们共同出面将非洲差异极大的地区和为数众多的国家真正统合起来，可能性相当渺茫。

尽管如此，非洲不会永远落后。如果说非洲目前尚不能被视为一个地缘经济共同体，这并非意味着它永远不能成为这样一个共同体。从非洲在区域一体化方面非常活跃——至少比东亚更为活跃——以及非洲经济近年来有十分抢眼的表现、政治方面也有较为明显的进步[2]等来看，或许可以说，一个实质意义上的非洲共同体的雏形已在形成之中。[3]

---

[1]　马嬰，《区域主义与发展中国家》，北京：中国社会科学出版社 2002 年，第 105—143 页。

[2]　"Africa Rising", *The Economist*, December 3rd, 2011, p.13.

[3]　参见帕克，《地缘政治学》，第 118 页。

中　编
作为地缘共同体的东亚

上编提出"地缘共同体"概念，并描述分析了其特点、性质、界定和划分。这里要讨论的问题是：在由中日韩，东南亚联盟，蒙古国，中亚诸国如哈萨克斯坦、吉尔吉斯斯坦、塔吉克斯坦、乌兹别克斯坦等构成的东亚这个超大的天然地缘单位中，是否一直存在一种经济与社会文化整合的趋势？一个建立在地缘一体性、经济互依性以及社会文化亲和性基础上的东亚文明是否已然存在？这种地缘整合趋势是否将最终导向东亚的高度整合，形成一个经济和社会文化意义上的东亚联盟体？一个类似于欧盟的超国家联合机制——"以区域经济一体化为基石，通过自由贸易区、经济共同体、货币联盟等形式，由低级到高级，形成一种你中有我、我中有你、利益交织、相互联结而成一体的关系状态，并由此进一步发展为安全共同体和社会共同体"的区域一体化机制的建立是否可能？

一、中国：东亚核心国家

如果可能，该地缘共同体的未来发展将呈现出什么样的情形？历史和现时情形表明，一个地缘共同体应有一个或一个以上的核心大国，否则对于该共同体的长远发展来说，经济一体性化、社会一体化、文化一体化均将成为难题，甚至根本谈不上具有实质意义的社会文化整合，遑论一体化。这种种难题完全可能使它丧失作为地缘共同体的意义。对于涵括了十几个现代主权国家的东亚来说，历史上的中国无疑是一个核心国家，无疑处于"东亚朝贡体系"或"中华体制"的中心，尽管这种传统意义上的东亚国际秩序自 1895 年起便不复存在。应引起更多注意的是，16 世纪以降的日本也可以视为东亚的一个核心国家，尽管在程度上不及中国。

先看看头号核心国家中国。从地理位置和自然环境来看，中国文明的主要发祥地是黄河中下游地区。黄河中下游地处温带，降雨充足，是一个十分适合农耕的大型陆地板块。该地区以北是与其浑然一体、为其自然延伸的华北平原；以南有淮河和长江流域与之接壤；以西是富饶的渭水流域、汉中平原和河西走廊；西南方向同样有富庶的汉水流域和四川盆地；远南方向有珠江和闽江流域；东北地区则有肥沃的三江平原。黄河中下游的地形、地貌相对平坦，没有险峻的山脉和陡峭的谷地，也没有干旱的沙漠、湍急的河流以及大海将不同地区阻断和分隔，因而非常有利于经济、政治和文化的一体化进程。

当然，上古时期黄河中下游的自然条件不如尼罗河流域和两河流域优越，甚至不如印度河流域优越。这里冬季寒冷、夏季酷热，虽然有农作物生长所需要的足够的降雨量，却过于集中在夏季和初秋，其结果是冬春两季干旱，夏季暴雨成灾，故而这里人们所必须付出的劳动，比古代埃及和两河流域的人们要多得多。[1]然而，正是这种极富挑战性的地理自然环境，使华夏世界的人们养育出了一种精进健动、百折不挠、能屈能伸的生命品质。所谓"天行健，君子以自强不息"[2]，即是其精神表征。也正是由于这种极富挑战性的地理自然环境，同样也由于黄河中下游地区那种相对稳定的农业生产和生活方式，古代华夏世界的先民很早便发展出了一种理性化程度很高的思维方式。

尽管有严峻的挑战，黄河中下游的自然条件仍然适宜大规模农耕，其周边广大地区的地理自然环境之优越，就不是古代埃及和两河流域所能比拟的了。正是这种优越的自然-地理条件使一个大型的经济、文化和政治共同体得以诞生并很快成

---

[1] 马振铎等，《儒家文明》，北京：中国社会科学出版社1999年，第4—5页。有关自然环境对黄河中下游中国文明的先民构成的严峻挑战，也参见邱国珍，《三千年天灾》，南昌：江西高校出版社1998年。
[2]《易·乾·象》。

长，也正是这种自然-地理环境使诞生其中的历史文化共同体很快便具备了文明规模。[1]

由于很早便有了巨大的文明规模，中华世界在不同历史时期修筑了不同地区的长城，开凿了包括大运河在内的多条运河（或曰"渠"）[2]，修建了数量众多的大大小小的水利工程。这不仅在整体上有利于中华世界的经济发展，而且具有重要的军事和政治意义。从城镇发展情况来看，中华世界在相当长时期里也处于世界前列。如果说不是在所有时期，至少及至宋代，中国的城市比同时期欧洲的城市已大得多，城市化程度也大大高于欧洲。也是在宋代（尤其是南宋），中华世界的国内国际通商陆路和水路比欧洲更密，分布也更广。同样在宋代，中国领先世界，在人类历史上首次发行和使用纸币，这既是经济发展到较高水平的标志，也进一步促进了经济发展。基于粟黍和稻作的中国农业长期维持着明显高于其他文明区的农业产品剩余率和劳动生产率。这使中华世界政治形态、科学技术和思想文化的发达成为可能，因此前现代中国文明区域内"政治之统

[1] 关于"文明规模"，参见本书"释义"部分有关条目。
[2] 隋朝大运河尤其值得注意。隋朝大运河的开凿虽有过度使用民力之弊端，但对于中华世界的整体进步却具有极重要的意义。它使南方的粮食和其他物质资源（主要是大米）能够便捷地运输到北方，北方的物质和人力资源也能方便地输送到南方，长江和黄河流域的整合因此明显加强，形成了一种南北互补关系。但是大运河最重要的意义还不在此，而是在军事和政治方面。隋朝大运河的开凿使华夏中心区即"中原"地带的兵员能够迅速输往南方，这对于从军事、政治上统合当时开发程度仍不够高、离心力仍然较强的南方地区，具有重大战略意义。隋朝以后，中国政治分裂周期之所以明显缩短，大运河是一个重要原因。

一、政权形态之发达、作为脑体劳动社会分工产物的士大夫阶层之发展以及其在科学文化和政权建设方面发挥的作用之大，都是西欧和其他封建国家所难以望其项背的"[1]。一个众所周知的事实是，火药、印刷术和造纸术等技术发明对人类文明的总体演进产生了重大影响。

因为很早就已经形成较高的生产力水平和社会发展水平，中华共同体比世界其他地区更早消灭了世袭贵族制，在隋唐时期甚至开创了人类文明史上独一无二的、现代性的科举制度。历史上的中国以科举制度为基础，在古代并非发达的交通和通信条件下，开创了一套具有相当高效能的文官制度，发展出了一种前现代条件下十分成熟的政治文化，其行政制度的"效率和反应灵敏的程度远远超过现代以前任何别的行政制度"[2]。尽管这种制度不乏弊端（在每个朝代末期更是如此），但历史上毕竟多少发挥了选贤与能、唯才是举的政治和社会功能，一定程度上提高了中国社会的上下流动性，使社会结构中较低阶层的人士能够通过自己的努力进入社会高层，甚至出现了一种俗话中所说的"朝为田舍郎，暮登天子堂"的独特社会景观。"五四"以来，我国知识界对科举制的贬责多于客观评估，可是国际学界现在公认，比之同时期世界其他地区壁垒森严的阶

［1］ 王渊明，《中西封建社会的人口发展》，载马克垚（主编），《中西封建社会比较研究》，上海：学林出版社1997年，第505页。
［2］ 斯塔夫里阿诺斯，《全球通史：1500年以前的世界》，吴象婴、梁赤民译，上海：上海社会科学出版社1999年，第230页。

级制度，科举制以其所带来的社会上下流动性，要优越得多。事实上，启蒙时代以降英国人和其他欧洲人开创现代文官制度时，中国的科举制成为其借鉴对象。

在已然拥有的巨大文明规模的基础上，中华世界早在先秦时代便开始了一个整合周边游牧民族的艰巨过程。北部和西部游牧民族历来与中原的汉族政权处于对峙或博弈状态。南北朝和五代十国时期，游牧民族建立了诸多局部政权，其中一些规模很大，如北魏和北齐。后来又有与宋朝对峙的辽、西夏、金等更大的局部政权，其后更有了少数民族入主中原建立的全国性政权元朝和清朝。如果说迄于明代，汉族在军事上总是处于被动状态，那主要是因为汉文化具有浓厚的和平思想、反战意识和乡土观念，汉人作战士气不高[1]，也因为在农耕社会和冷兵器时代，汉人缺乏战马，在多数情况下只能用步兵作战，故作战能力明显不如机动性强且全民皆兵的游牧民族。但从使用热兵器（火炮、火铳等）的清代开始，冷兵器时代渐告结束，马背上的民族越往后越不具有军事优势，农耕民族与游牧民族的结构性冲突终于得到圆满解决。

自此，中央王朝和其他游牧民族之间结束了那种持续了两千年的关系模式：游牧者骚扰袭击，定居者据城自卫。自此，

---

[1] 叶自成（主编），《地缘政治与中国外交》，北京：北京出版社1998年，第254页；关于世界范围内游牧民族或"野蛮人"对"文明中心"的侵袭，也参见安德烈·贡德·弗兰克、巴里·K·吉尔斯，《积累之积累》，载安德烈·贡德·弗兰克、巴里·K·吉尔斯（主编），《世界体系：500年还是5 000年？》，第105—106页。

长城不再是定居者与游牧者或中国与外部世界的分界线；长城内外的族群优势互补，逐渐融合成一个多民族的超大型历史文化共同体，或者说形成了一种农耕民族和游牧民族的地缘"共生"关系。[1] 正是这种共生关系，使少数民族与汉族在政治、经济和文化上的整合程度大大提高，使少数民族在更深和更大的程度上参与华夏文明的物质和文化成长，也使华夏共同体能够更有效地利用少数民族的人力资源、文化资源和技术资源，从而得以更有效地保卫其文化同一性和历史主体性。同样重要的是，也正是这种地缘和民族共生关系使现代中国的版图得以最终形成。没有这种共生关系，中国极可能仍蜷缩在长城以内，而这意味着，当代中国版图将只有实际版图的约三分之一。

因为无与伦比的文明规模和文明力[2]，因为极其强大的社会文化凝聚力和巨大的政治感召力，华夏文明很早就形成了大一统的政治传统，这使得它不仅得以在广袤的疆域成功地整合诸多游牧民族及其所建立的国家，而且自然成为周边广大地区的经济、政治和文化中心。事实上，在威斯特伐利亚体系（现代民族国家概念源于该体系）取得支配性地位的 18 世纪之前，中国在周边地区维持了一种稳定的国际政治秩序，即"宗藩朝贡体系"或"中华体系"。在这种体制中，"藩属国要接受中国

[1] John King Fairbank, *China: a New HistorY*, Harvard University Press (USA), 1994, p.126, p.153；也参见 Arnold Toynbee, *A Study of History* (12 volumes), Oxford: Oxford University Press, 1931-1964, Vol. II, pp.124-125; Vol. III, p.144, p.423。
[2] 有关"文明力"，参见本书"释义"部分的有关条目。

皇帝的册封，使用中国的年号和历法，向中国朝贡，中国对藩属国负有帮助御敌和处置变乱的义务，但不介入其内政，尤其不触及社会生活"。从性质上看，宗藩朝贡体制"与近代西方的殖民体制下宗主国——附属国之间的关系性质不同，与现代国家联邦制之下的联邦或邦联性质不同，与现代国家单一制之下的民族自治或地方自治也根本不同。实质的差别在于宗藩体制下中央王朝并不必然对各藩部拥有领土主权（甚至没有这个概念）和实行直接治理"[1]。

以当代标准来衡量，宗藩体制下的东亚国际政治秩序是"中国中心主义"的，可是按照目前学界的普遍看法，在多数情况下，这种国际秩序里的超大国家中国对周边国家实行了和平友好的政策，从不搞历史上西亚地中海地区常见的那种军事扩张和经济掠夺。不仅如此，汉唐时期皇帝甚至拒绝过不少小国（或可视为部落联盟）以土地和人口归附中国的请求。晚至清朝，1754 年，苏禄国（位于现菲律宾）国王请求以其土地和人口入中国版籍，但乾隆皇帝以中国不扩张疆土为由，加以婉拒。中华文明始终具有一种迥异于其他文明传统的和平性。

在这种东亚所独有的国际政治秩序中，在国际和国内双重意义上，中国都是周边国家政治合法性的终极源泉。周边政权只需要象征性地交纳少许贡品，便能得到中国的政治认可，而得到了中国的认可，便意味着它们已经得到国际国内其他政治

---

[1] 翟向东，《江孜抗英一百年祭》，《读书》2005 年第 3 期，第 101 页。

势力的认可。另一方面，为了维系东亚国际秩序的正常运转，中国方面通常得付出大大超出贡品价值的回赠。这里应特别注意的是，东亚的宗藩朝贡体系主要是一种政治秩序，甚至可以说主要是一种象征性的政治秩序；在这种政治秩序中，贸易始终占有极其重要的地位。从深层结构上看，中国这么做并非完全出于一种虚荣的"天朝心态"，而在更大程度上可能出于这一动机：以最小的代价确保其漫长的边境和平安宁。[1]

综上观之，历史上的中国是东亚一个无可争议的核心国家。

二、日本：另一个东亚核心国家

大约从 16 世纪末起，尤其自 19 世纪后期以来，日本是东亚的另一个核心国家。

日本由本州、北海道、九州、四国和附近的诸小岛构成，总面积仅为 377 800 平方千米。虽然地理条件使日本无法形成

---

[1] 关于宗藩朝贡体系，可参见 John Fairbank, *China: a New History*, Cambridge (MA): Harvard University Press, 1994, pp.112 –113, p.139, p.149, p.199, p.201, p.205；叶自成（主编），《地缘政治与中国外交》，第 250、254—256 页；弗兰克，《白银资本》，第 164—169 页；朱宁等，《变乱中的文明：霸权终结与秩序重建（公元 1000 年—2000 年）》，北京：中国人民大学出版社 2000 年，第 209—211 页。

中国意义上的文明规模[1]，但这并不意味着它不能有优异的表现。正如眼下全世界都已接受中国崛起的事实、美国等西方国家更是不断嚷嚷"中国威胁"那样，在整个 1970 至 1980 年代，全世界都在谈论"日本奇迹"。尽管已有连续二三十年的相对停滞，但如果按美元计算，日本经济规模至今仍居世界第三位，人均 GDP 和收入大约是中国的四倍。另外，日本的核心科技专利数量居世界第一，其研发经费占 GDP 的比例也居世界第一。其科技和制造业早已超越了 1960 至 1980 年代的电器产品，在新材料、人工智能、机器人、云计算、医疗、生物、新能源、物联网、3D 打印、非常规油气勘采、次世代材料技术、环境保护、资源再利用等新兴领域均处于世界领先地位。[2]不仅如此，日本为当今世界人均寿命最高的国家。同样值得注意的是，2000 年至 2021 年，日本人 20 次获得诺贝尔奖；及至 2021 年，日本总共已有 28 人获得诺贝尔奖（含日本出身的美国籍日本人）。凡此种种说明，"日本奇迹"并未真正终结。在区域经济一体化已是大势所趋的时代，日本拥有如此巨大的经济规模和强大的技术能力，对于带动和整合整个东亚的作用不言而喻。

如何解释这种现象？首先得考察一下自然环境。日本可耕地面积虽然有限，其他自然资源也相对贫乏，但并不缺乏水资

---

[1] 关于"文明规模"，参见本书"释义"部分的有关条目。
[2] 参见《日本掌握的核心技术有哪些》，搜狐网，下载时间为 2021 年 3 月 1 日。

源。充沛的降雨量（日本年降雨量为1 700毫米，约为世界平均年降雨量的二倍；相比之下，北京不到600毫米、南京1 106毫米、上海1 166毫米）和典型的温带气候，使得日本夏天不太炎热，冬天也不太寒冷，处处绿草如茵，直至今日仍有三分之二的国土覆盖着茂密的森林。这种自然条件十分适合农业发展。事实上，自古以来，日本人便对有限的土地精耕细作，主要农作物是水稻，其产量比小麦高得多，而且种植面积占很大的比例，在所有作物中约占40%。此外，日本西南部一半地区可种植双季作物。在这种优越的自然环境中，前现代日本农业生产率极高，除了养活比西亚和欧洲更为密集的人口（自公元3世纪始，日本人口已遥遥领先于面积相当的欧洲国家[1]）以外，还拥有相当数量的剩余。不用说，在前现代条件下，丰富的农业剩余和密集的人口意味着经济活力和综合实力。

共同的东亚文化对日本的发展也起到了非同小可的作用。日本离中国大陆相对较近，很早便能方便地从中国文明中汲取养分，例如水稻种植和金属冶炼等极重要的技术在距今约三千年前便已从中国大陆传入日本了。[2]自6世纪起，儒学和佛教等重要的大陆文化要素大举进入日本。儒学和佛教经由朝鲜传入日本后，成为日本文化变革的媒介，起到了类似于西

---

［1］ 埃德温·奥·赖肖尔，《当代日本人》，陈文寿译，北京：商务印书馆1992年，第10—15页。
［2］ 贾雷德·戴蒙德，《枪炮、病菌与钢铁：人类社会的命运》，谢延光译，上海：上海译文出版社2000年，第372页。

亚地中海世界的基督教开化周边日耳曼人和东斯拉夫人的作用。僧侣、学者、教师和工匠等源源不断从朝鲜和中国来到日本，不仅带来了中国文明的价值观和生活方式，带来了中国的哲学、宗教思想和政治、经济制度，也带来了中国的文字、语言、文学、书法、绘画、医学、建筑技术、纺织技术、制陶技术等。[1] 日本也主动向中国学习，向唐朝派遣多批"遣唐使"，其中有些人在中国逗留时间长达二十几年。他们是中国文明的热情皈依者，回国后便成为中国文明的积极传播者。唐朝衰落以后，日本虽然不再大规模派遣留学生来华学习，但是对中国文化的学习和吸收却并没有因此结束。在与中国沿海地区通商和其他形式的交流中，日本继续接受中国文化的熏染。[2]

另一方面，也可以说日本离中国大陆足够远——海洋把中国和日本分隔开来，最近处相距也有约 725 公里。在古代的有限条件下，如此宽阔的海面较难逾越。这就与英国情形大不一样。日本主要岛屿与朝鲜的距离大约为英国与法国之间距离最小的多佛海峡宽度（约 32 公里）的 5 倍，即约 160 公里，而与中国大陆的距离更是这一距离的近 5 倍。这种地缘格局意味

---

[1] 当然，后来日本人在"舶来"的技术基础上有了发展，也开始用自己的技术反馈中国，其折扇工艺、镶嵌工艺、描金绘漆、冶炼和制刀技术等对中国产生了影响。

[2] 关于中国文化对日本的影响以及日本技术对中国的反馈，参见刘宏煊（主编），《中国睦邻史：中国与周边国家关系》，北京：世界知识出版社 2001 年，第 60—63 页；Toynbee, *A Study of History* (12 volumes), Vol. VII, p.393; Vol. IX, pp.153–154, p.163; 赖肖尔，《当代日本人》，第 33、42 页；也见叶渭渠（主编），《日本文明》，北京：中国社会科学出版社 1999 年，第 70—110 页。

着，日本在很长时期内能自成一体，免于受到外部侵略，尤其是不易受到游牧民族的攻击（元世祖忽必烈13世纪末所发动的对日征服战争因风暴袭击而失败）。这也意味着，日本大体上可以根据其不同时间的不同需要，自由地选择或拒绝接受特定的大陆文化元素。

至16世纪德川幕府时代，政治统一使相对的和平稳定成为可能，人民得以免于战乱，专心致志地发展经济。这一时期，日本耕地面积翻了一番，灌溉面积也扩大了，引进了新的农作物，采用了更先进的农业技术，形成了以大阪和江户为中心的统一的国家经济，在历史上第一次实现了全国性的经济一体化。经济的发展导致人口的增长。1500—1750年，日本人口翻了一番，从1 600万增至2 600—3 200万。经济的发展也意味着教育的发展，武士成为一个有文化的特权阶层。在和平时期，他们没有军事义务需要履行，因而也能执行文职任务。甚至社会底层人士也广泛享有受教育的机会。结果是，在西方人大举进入东亚之前，日本的人口受教育程度便已达到了相当高的水平。及至德川时代晚期，日本男性识字率竟高达45%。[1]

尤其值得注意的，是德川时代日本非常可观的城市化进程。在1853年美国黑色的巨型军舰以武力叩关，逼日本"开国"之前大约150年，即18世纪初，当日本仍然处于与外界相对隔绝的状态时，便已出现了大得惊人的城市。据一项统计，1700年

[1] 约翰·惠特尼·霍尔，《日本——从史前到现代》，邓懿、周一良译，北京：商务印书馆1997年，第152—153、158页。

前后江户（现东京）约有 100 万人口；据另一项统计，江户有 130 万人口，超过巴黎和伦敦，为当时世界上人口最多的城市。贸易中心城市大阪和古都京都也各有 40 来万人口。其他地区更是分布着大量人口在 10 万以上的城堡型城市，分别为 265 个半自治封建藩国的首都。至"开国"前夕，日本城市人口规模已相当可观，此后更有大幅度的增长。事实上，18 世纪日本城市化水平高于欧洲，更明显高于中国。据一项研究，18 世纪晚期，日本有 15% 至 20% 的人口已城市化。据另一项研究，有 10% 至 13% 的人口生活在 10 万人以上的城市里。这意味着，当时日本人口仅占世界人口的 3%，但全世界生活在 10 万人以上城市中的人口，日本人占比竟高达 8%！[1]

　　美国"黑船"叩关示威以后，在改革开放的巨大压力下，幕府政权于 1868 年垮台，明治政府建立，日本现代化运动随即迅速展开，并且很快便取得成效。1894 年，国力大增的日本以一支规模较小的舰队，战胜了貌似强大、实则腐朽不堪的清朝中国庞大的北洋舰队。1902 年，日本与英国签订了同盟条约，这是西方强国与东方国家签订的第一个同盟条约，标志着日本的强国地位得到了西方国家的承认。1904 至 1905 年，日本更打败了欧洲强国俄罗斯。在当时的非西方国家眼中，这不啻是打破了西方人不可战胜的迷信（尽管俄国并非严格意义的西方国家，尽管郑成功早在 17 世纪就大败荷兰人，收复了

---

[1] 弗兰克，《白银资本》，第 156、157 页；赖肖尔，《当代日本人》，第 22 页；也见霍尔，《日本——从史前到现代》，第 153 页。

被其占据的台湾）。如果说 16 世纪初以降，世界的重心不断向西方倾移，1914 年达到极致，此后又逐渐向东方回归，那么此趋势的一个重要信号便是日本的迅速崛起（当然，此后日本对中国和东南亚国家发动了侵略战争）。

众所周知，日本在东亚与太平洋战争中战败，但战后却以惊人的速度从废墟中爬起来，在东西方冷战、朝鲜战争、越南战争等因素的影响下，以极快的速度恢复了经济。及至1980 年代，日本已强大到不能被视为一般意义上的发达国家，而应被视为发达国家中一个能够挑战美国地位的佼佼者。在高速巨型计算机、激光、机器人、材料科学、生物技术等方面，日本直逼美国，大有超过美国之势。1946—1947 年，美国采矿业和工业产量约占世界总量的 60%，出口额也为世界总出口额的 1/3，而日本的表现却微不足道。至 1960 年，美国经济总量仍为日本的 12 倍，可是及至 1986 年，美国经济总量已下降到仅为日本的 2 倍。到了 1987 年，日本的人均国民生产总值竟超过了美国。事实上，在 1950—1990 年期间，日本经济猛增了 152 倍以上。及至 1980 年代，日本的人口仅为世界总人口的 1/40，但日本国民生产总值却占世界国民生产总值的 1/10。[1]尤其令人惊讶的是，这一"日本奇迹"，是

---

[1]　加文·麦考马克，《虚幻的乐园：战后日本综合研究》，郭南燕译，上海：上海人民出版社 1999 年，第 176 页；也参见保罗·肯尼迪，《大国的兴衰》，蒋葆英等译，北京：中国经济出版社 1992 年，第 570 页。

在国土面积狭小、人口规模[1]不大（相对于中国、印度、美国等而言）、自然资源匮乏的情况下取得的。[2]

三、传统东亚政治秩序的崩溃

　　传统东亚国际秩序，指以中国为中心的东亚秩序。早在公元纪年初，这种以宗藩朝贡体系为主要内涵的东亚秩序便已初步形成。以现代意义上的主权至上、国家不分大小一律平等的观念来衡量，东亚朝贡体系里的核心国家与边缘国家的关系不能说是平等的，因为后者并不享有现代意义上的充分主权，当然也就说不上充分享受现代意义上的国家或民族尊严。但另一方面也应看到，东亚与西亚地中海区域和世界其他地区的情况迥然不同。历史上，这里的边缘国家在与核心国家的政治性贸易往来中非但不吃亏，反而能得到不少实惠。历史上中国从来不牺牲边缘国家的经济利益来谋取自己的发展，如在古代西亚地中海世界和近代西方所常常发生的那样，故中国对这些国家有很强的道义感召力，享有很高的威望。

　　公元前3世纪末至公元16世纪中叶，只要中国在政治上是

---

[1]　参见"释义"部分"人口规模"词条。
[2]　赖肖尔，《当代日本人》，第5—21页。

统一的，以中国为中心的东亚国际秩序的运转大体上也就是正常的。以日本为例。元代皇帝 1271 年以后多次派使者去日本要求朝贡，均遭到日本拒绝，但是 1401 年日本幕府足利义满却主动遣使入明，表示愿意"遵往古之规法"。自此至 16 世纪中叶，两国使节制度性地相互往来，中日经济文化交流得到了加强。1406 年两国订立了《永乐勘合贸易协定》。这个《协定》实际上是一种政治性的贸易安排，规定每隔 10 年，日本来华贸易一次，贸易规模为人限 200，船限 2 艘。然而在实际操作中，该《协定》的界限往往被大大突破。日本每年都有船只前往中国，而且船只和人员数量均远超过《协定》的规定。据记载，最多时日本每年来华船只达 9 艘，人员上千。不见记载的贸易往来肯定更多。[1] 尤需注意的是，中日之间的政治性贸易并非等价：日本以朝贡的名义把有限的物品献给明朝皇帝，而明朝回赠日本的物品价值相当于贡品价值的几倍至数十倍不等。[2]

然而，自 16 世纪末起，传统东亚政治秩序开始受到严重挑战。由于持续的经济发展，日本社会出现了一个咄咄逼人的商人阶层，开始卷入与中国、朝鲜和东南亚地区的贸易活动。积极参与对外贸易的不仅仅是商人。在经济利益的驱动下，宗教团体、武士、贵族也插手对外贸易，有时甚至幕府将军也会插

---

[1] 参见刘宏煊（主编），《中国睦邻史》，第 62 页。
[2] 同上书，第 61 页。关于日本在传统东亚政治秩序中所处的"外围"地位，可参见萨米尔·阿明，《古代世界诸体系与现代资本主义世界体系》，载弗兰克、吉尔斯（主编），《世界体系：500 年还是 5 000 年？》，第 315、322 页。

一脚，这就与当时欧洲的情形很不一样（那时欧洲人身份意识仍非常强，贵族阶级是不会纡尊降贵干这种事的）。15 至 16 世纪，日本对外贸易发展迅猛，贸易活动的范围远至马六甲海峡。1560 年以后，日本已是一个白银和铜的重要出口国。这时日本主要向中国和朝鲜出口白银和铜，以及折扇、屏风等手工制品，向印度和西亚地区则出口黄金、硫黄、樟脑、木材、珍珠、铁、刀剑、漆、家具、米酒、茶叶和优质大米。反过来看，当时日本也进口中国的丝绸、印度的棉布，还进口朝鲜、中国和东南亚地区的生产和消费用品，如铅、锡、染料、蔗糖、皮革和水银等。[1] 活跃的对外贸易背后一定是经济上的扩张势能。一旦日本人的胃口被激发出来，正常的对外贸易就不可能满足其强烈欲望。于是，不法之徒开始了对朝鲜和中国东南沿海地区长达几百年的骚扰。在中朝历史上，这就是所谓"倭乱"。

"倭乱"是由"倭寇"制造的。"倭寇"是一种特殊的海盗。他们在中国和朝鲜的沿海地区专干武装贸易和杀人越货的勾当。明朝 276 年间东南沿海一直有倭患。16 世纪以前倭寇主要是日本人，多为无主的流浪武士和破产农民，也包括由大商人豢养的武装贸易船队。16 世纪以后，倭寇头目虽多为日本海盗，但大量中国沿海流民也参与其中；从人员构成来看，

---

[1] 参见弗兰克，《白银资本》，第 153—154 页；霍尔，《日本——从史前到现代》，第 96 页；也参见爱德华·麦克诺尔·伯恩斯、菲利普·李·拉尔夫，《世界文明史：第二卷》（四卷本），罗经国等译，北京：商务印书馆 1995 年，第 103 页。

日本人可能只占十分之三，而中国流民比例则高达十分之七。他们在中国江苏、浙江和福建沿海一带活动猖獗，有时"连舰数百，蔽海而至"，一次劫掠多达几个县的一大片地区，造成了非常严重的损失。明朝就倭寇问题与日本多方交涉，与之签订了有关协议。日本方面曾执行协议内容，配合中国，在国内搜捕海盗头目，并送回被掳往日本做奴隶的沿海地区中国人。中国方面也加强了海防，实施禁海令，戚继光和俞大猷等抗倭名将更取得了可观的军事胜利，倭患基本平定。[1]

长时期的倭患虽然给中国沿海地区造成了极大的危害，更给明朝政府造成了极大的麻烦，明显加重了其财政负担，从而间接导致其灭亡，但毕竟算不上日本对东亚国际秩序的正面挑战。16 世纪末，日本实现了政治统一。此后，日本经济有了明显发展，国力大增。1592 年至 1598 年，丰臣秀吉发动了侵略朝鲜的战争（应当注意，如果从宏观文明史的角度考察，则16 世纪末日本人之入侵朝鲜与 11 世纪初西欧在经济恢复后对东欧普鲁士和波罗的海地区进行武装殖民，之后又发动对巴勒斯坦的十字军战争，15 世纪后更是殖民美洲大陆等地，入侵南亚和东亚，不无相似之处）。这与倭患相比完全是另外一码事。日本军队虽然因明朝军事介入而被迫撤离朝鲜，但这场侵朝战争毕竟是由日本正式发动的，意味着崛起中的日本第一次

---

[1] 叶自成（主编），《地缘政治与中国外交》，第 275 页；刘宏煊（主编），《中国睦邻史》，第 62 页；朱宁等，《变乱中的文明》，第 215 页；也参见弗兰克，《白银资本》，第 158 页。

对中国在东亚国际秩序中的中心地位发起了正面挑战。不仅如此，丰臣秀吉虽然被击败，日本方面却并没有因此而重续 16 世纪中叶即已停止的朝贡，而且竭力避免自己是中国主导的东亚秩序中的正式成员的说法，尽管这可能使其政权的合法性容易受到挑战。[1]

清朝政府解除海禁，鼓励中日贸易，一定程度上缓和了中日两国关系。德川幕府也积极对待两国关系，通过各种途径表示希望恢复两国邦交和正式贸易，尽管在这个过程中竭力避免对中国表示臣服的说法或印象。在这种情况下，中日贸易又繁荣起来。1685 年以降，几乎每年有 70 至 100 艘中国船只到达长崎等地。日本来中国的贸易者更多。据不完全统计，1662—1839 年间，来中国的日本商船多达 6 200 艘。[2]但幕府倒台，明治政府建立以后，日本迅速推进现代化，在极短时间内便收到明显的成效，国力大增。恰成对照的是，中国在鸦片战争以后和太平天国战乱期间，国力急剧下降；之后，在与西方列强的一系列战争中屡次战败，被迫签订了诸多不平等条约。在这种情况下，自丰臣秀吉侵略朝鲜失败以来，日本又一次向中国主导的东亚国际秩序发起了正面挑战。

1870 年和 1872 年，日本两次遣使来华，诱使清朝政府签订类似于中国与西方国家签订的条约，但未能如愿。1873 年，日本以两年前一艘琉球（冲绳）船遇风暴漂至台湾东部，船上

---

[1] 参见朱宁等，《变乱中的文明》，第 215 页。
[2] 刘宏煊（主编），《中国睦邻史》，第 62 页。

的琉球人为高山族所杀一事为借口，向清政府提出交涉。清朝官员虽据理驳斥，却又说高山族肇事者为中华"化外生番"，中国方面"未便穷治"。日本立即抓住这一把柄，于1874年4月发起了讨伐台湾"生番"的侵略战争。尽管日本军队遭到台湾军民的顽强抵抗，清政府仍决意妥协，与日本签订了《北京专约》，内容包括日本从台湾退兵，但中方向日方赔银50万两。该条约还说"台湾生番曾将日本国属民妄为加害"，日本侵台为"保民义举"。这不啻是承认，本为清朝属国的琉球已是日本的藩属国。1875年，日本派兵正式进驻琉球。[1]

与此同时，日本对朝鲜的侵略活动有增无减。1868年和1870年，日本两次派官员赴朝鲜，企图将不平等条约强加于朝鲜，但均遭到拒绝。1875年9月，日本派军舰入侵朝鲜汉江江华岛附近的海域，占领了永宗岛。1876年，日本胁迫朝鲜签订了不平等条约。1880年，日本在汉城设立公使馆，进一步挤压清朝的势力范围。1884年，日本又在朝鲜策动政变，因清朝及时军事介入而流产，但日本倒打一耙，反而向中国提出交涉。翌年，中日双方签订《中日天津条约》，日本借此获得与中国同等的出兵朝鲜的权利。[2]这意味着，即便中国仍然保留着其传统中心地位，却已正式承认，东亚国际政治体系中已出现了中国以外的另一个中心。

---

[1] 刘晓峰，《琉球，一八七五》，《读书》2005年第3期，第3—10页；也见叶自成（主编），《地缘政治与中国外交》，第277页。
[2] 叶自成（主编），《地缘政治与中国外交》，第278页。

如果说迄于此时，日本虽一步步挤压清朝的势力范围，但在正面军事冲突中并没有取得过真正的胜利，那么及至中日甲午战争，情况完全不同。众所周知，中国在这次战争中失败了。根据 1895 年签订的《马关条约》，中国正式放弃对朝鲜的宗主国地位；割让台湾全岛及所属岛屿、澎湖列岛；赔款 2.3 亿两白银；允许日本人在华投资设厂，享有片面最惠国待遇和领事裁判权等（此后在 1910 年，日本迫使朝鲜签订《日韩合并条约》，朝鲜完全丧失主权）。[1]如果说 1592 年至 1598 年丰臣秀吉发动的侵朝战争是日本对东亚国际秩序发动的第一次正面挑战，因明朝介入而失败，那么在 16 世纪末战争的"放大复制"即甲午战争中，日本的挑战取得了成功，中国主导的绵延已久的东亚朝贡体制彻底崩溃。[2]

当然，宗藩朝贡体制并未单单因为甲午战争而告终结。即便战争之后，这一体制的解体过程也仍在继续，就是说甲午战争其实只是这一过程的一个重要的肇因。宗藩朝贡体制的解体还有其他方面的内部和外部原因。内部原因主要是，晚清中国民生凋敝、吏治腐败，又遭遇农民起义，国力极度虚弱。外部原因也并非只是日本对传统"中华体制"的蚕食，

---

[1] 参见刘宏煊（主编），《中国睦邻史》，第 65—66 页；叶自成（主编），《地缘政治与中国外交》，第 278—279 页；朱宁等，《变乱中的文明》，第 218—220 页。
[2] 崔元植，《韩国"发"或东亚细亚"发"的对案研究》（鲁贞银译），载《东方文化》2000 年第 5 期。关于丰臣秀吉的侵朝战争，也参见 Toynbee, *A Study of History* (12 volumes), Vol. V, p.44, p.45。

以及在甲午战争中战胜中国，事实上，西方列强早在 16 世纪上半叶便已经进入东南亚，很快建立了殖民政权，开始干扰甚至打乱该区域一千五百多年一直运转着的以中国为中心的国际政治秩序，当地诸多部落联盟或小国家或被西方人征服，或主动臣服于西方人，自此不再来华朝贡，甚至在清朝前期中国强盛时也如此。1840 年，英国人发动了强盗式的鸦片战争，打败清朝中国，将不平等条约强加在中国头上。1840 年以后，英、法和其他西方国家又发动了多次对华战争。在甲午战争后的 1900 年，西方列强更是伙同俄国和日本，发动了入室打劫式的八国联军入侵中国的战争，此后中国被迫同它们签订了与《马关条约》同样屈辱的《辛丑条约》。因此可以说，直至此时，传统东亚国际秩序才荡然无存。"二战"结束后，老牌殖民国家如英国、法国、荷兰不得不撤出东亚（中国之所以没有立即收回香港，更多是出于策略考虑，而非缺乏法律甚至道义理由，更不是因为没有能力收回），但美国势力又结构性地进入东亚，这就使得恢复传统"东亚朝贡体制"的可能性几近于零。

应当看到，传统"中华体制"虽已于 1894 年坍塌，日本却并没能因而真正成为一个新的东亚领袖国家。之后日本进入中国东北，1931—1945 年间全面占领东北，1937 年更是发动了全面对华战争，并在 1941 年以后入侵并占领了印度尼西亚、马来亚和菲律宾等国，直至 1945 年战败才撤回。尽管日本在战后三四十年间发展迅猛，再次崛起为一个经济和科技强国，表现非常优秀，可是由于历史遗留问题以及人口、经济规模的局限性（日本人口自 2009 年以来连续十年下降）等原因，并没有成为最具吸引力的中心国家。一直以来有一种说法，即日本在甲午战争以后，便已正式"脱亚入欧"，融入西方主导的国际秩序，仿佛日本自此便与亚洲脱净了干系，与东亚其他国家分属于截然不同的两个世界。但这只是一种说法而已，而且很显然是一种缺乏宏观文明史眼光的说法。种种迹象表明，眼下日本在经济上已很大程度重新"脱欧入亚"了。在其他方面，日本似乎也在有意识地"脱欧入亚"。

如果采用世界体系论的视角，不难发现，公元纪年初以来，世界各"历史体系"或主要文明之间一直存在着密切的互动，而且越到后来越密切，形成了一个"世界体系"。这意味着，历史上世界一体化进程——可视为当今所谓"全球化"的预演——一直就没有中断过。至 16 世纪，世界开始进入现代资本主义时代，一个区域乃至全球经济加速整合的全球化时代。职是之故，传统东亚政治秩序及其基本理念纵然有不可否认的历史合理性，也不得不让位于这一宏大进程。但这并非意味着地缘经济和地缘文化意义上的东亚文明已经消亡。东亚文明、地理意义上的东亚共同体一直存在。21 世纪，随着中国重新崛起，这个巨大的地缘共同体将焕发出历史上曾经有过的那种巨大的经济和文化活力，而 16 世纪末以后日本的登台亮相以及在 19 世纪末迅速崛起成为强国，就意味着东亚世界自此具有整合能力的核心大国已不止一个，而是两个。

四、历史上中国与东南亚的互动

中国与东南亚各国山水相连，命运与共，从先秦时代起便开始了交往，早早就有了贸易、文化、科技、政治乃至军事层面的互动。限于篇幅，下面仅对中国与越南、缅甸、印尼、菲律宾、马来西亚的政治、经济、文化交流与华人移民东南亚作一个简单回顾。

《四库全书总目》有《越史略》（三卷）提要，对中国与越南的关系做了高度概括："安南自汉迄唐，并为州郡……自宋以后，世其职贡。"秦始皇统一岭南地区后，设南海、桂林、象郡三郡，其中象郡即包括今越南的中部、北部。公元前207年，秦南海郡尉赵陀趁秦朝内乱之际，建立了以今广州市一带为中心的地方政权南越国，并在今越南北部和中部设交趾、九真两郡。秦亡汉兴，赵陀所建南越国成为汉朝诸侯国，受汉朝皇帝封赐。后来，汉武帝为加强中央权力，削诸侯，立郡县，于公元前111年派兵南征，将南越国分为九郡，其中交趾、九真、日南三郡在今越南境内。汉朝派官员对这三个郡进行了有效管理，在当地积极推广中国文化，输入中原地区先进的农业技术和金属冶炼技术。自此，越南与中国"政出一门、学为一体"，同中国结下了不解之缘，成为中华文化圈的正式成员

（毋庸讳言，这样的缘分不仅包含和平的经济、文化和政治交流，也包括诸多冲突乃至战争）。10世纪时，五代十国时期的中国因内乱无力顾及边疆，越南地方遂渐割据自主。新兴宋朝虽在经济和文化方面取得显著成就，但军事上却相对孱弱，对越南地方的控制有限，未能恢复到中唐以前的面貌。1174年，宋朝中央政权不得不正式册封李英宗为"安南国王"，即所谓世其职贡。[1] 此后越南在政治上对中国中央政权进行朝贡，在经济和文化方面保持与中国的紧密联系。事实上，历史上的越南人一直识汉字、习汉文，直至西方殖民主义者入侵并统治越南之后很久，才改用拉丁字母书写越南语文。尽管发生了这种变化，今日越南与日本、朝鲜和韩国一样，是公认的"汉字文化圈"国家，中国的儒家思想、文字、语言、文学、史学、音乐、戏剧、医学、历法、数学，以及珠算、印刷术等实用技术等早已是越南文化的有机组成部分。

中国和缅甸有长达2 185公里的共同边界。早在公元前2世纪，怒江萨尔温江河谷便已成为中缅人民经济文化交流的陆路通道之一。公元纪年之前，中国商人便已穿过四川云南的崇山峻岭，开拓了"丝绸之路"的南线分支"西南丝道"，大大便利了中缅经济和文化交往。1世纪缅甸境内的掸国等政权多次遣使访问中国。汉安帝封掸国国王雍由调为汉大都尉。公元3世纪上半叶，诸葛亮南征时把汉族农业技术传入西南少数民

---

[1] 叶自成（主编），《地缘政治与中国外交》，第192—195页；刘宏煊（主编），《中国睦邻史》，第372—373页。

族地区，这些先进技术后来传入缅甸，因此诸葛亮受到缅甸人民的尊敬，古代缅甸境内曾建有诸葛武侯庙。唐宋时期，中缅之间有进一步交往。802年，骠国王子舒难陀率歌舞团访问中国，在长安引起轰动。11至12世纪，蒲甘王朝多次派人访问中国，其中包括国王的来访。由于复杂的历史原因，中国元代与蒲甘王朝发生过三次战争，1287年将其灭亡。明末清初，一度较为强大的缅甸与南明、清朝之间有过复杂的纠葛。清朝乾隆时期，中国方面三次征缅，于1769年击败缅军，缅甸遣使求和。1790年，乾隆封缅甸为"缅甸王国"，规定一年来华朝贡一次。中华人民共和国成立后，中缅两国政治合作和经济交往相对密切；1960至1980年代，中国在缅甸实施了多个援建项目[1]；与其他周边国家比，中缅两国的边界谈判也相对顺利。

印度尼西亚虽然并非与中国接壤，但中国南沙群岛海域与其海域毗邻。早在公元前1世纪，中国人便已来到印度尼西亚群岛，在那里定居。公元131年，爪哇叶调国遣使经日南至洛阳，向东汉朝贡。三国时期至隋朝，中国航海和造船技术提高，中国与"南洋"的海上贸易和政治联系得到了发展。两晋南北朝时期，中国与印度尼西亚之间已有横渡南海的直接交通，海上贸易繁荣，爪哇和苏门答腊诸小王国多次遣使朝贡。唐宋时期，现印尼区域诸王国来华朝贡更为频繁，中国对外交往也很活跃。987年，宋朝特遣内侍分四路出使东南亚、南亚

---

[1] 刘宏煊（主编），《中国睦邻史》，第356—361页。

诸国，与五十多个国家建立了联系，包括印尼境内的三佛齐、新拖、监篦、蓝无里等，两地民间交往也规模空前。元朝对外实行扩张主义政策，忽必烈下令进攻爪哇。1292 年，福建行省平章政事史弼集军队 2 万、战船 1 000 艘南征，但以失败告终。忽必烈去世后，征战之事不再发生。明朝初年，朱元璋对外实行和平主义政策，遣使访问爪哇满者伯夷、三佛齐、渤尼等国。明成祖朱棣继位后，派郑和七下西洋，与印尼的政治经济交往进一步加强。郑和舰队第四次航行至苏门答腊时，恰逢当地发生王位之争，郑和军队帮助国王击败了僭位者。[1] 在政府鼓励下，众多中国人到南洋谋生求富。1950 年，中华人民共和国与印尼建交。1955 年，中国与印尼在万隆会议上共倡"万隆精神"，这标志着两国关系进入了新时期。两国关系虽然在 1960 年代落入低谷，但自 1980 年代起又恢复正常。

中国与马来西亚的友好交往同样历史悠久，源远流长。早在公元纪年前的西汉时期，中国商人和僧侣就到过现马来西亚地方。中国与马来西亚的正式外交始于三国时期。当时吴国派官员出使南海诸国，到过马来西亚。公元 5—7 世纪，马来西亚古国丹丹、盘盘、狼牙修与中国的往来甚为频繁，多次遣使访问中国并赠送礼物。7 世纪初，隋朝派员出使赤土国，中国使者回国时，赤土国王子随行回访，受到隋朝政府隆重接待。唐宋时期中国海上交通贸易进一步发展，到马来西亚的中

---

[1] 刘宏煊（主编），《中国睦邻史》，第 399—401 页。

国商人和僧人增多。马来西亚著名古国满刺加（以今马六甲为中心）同明代中国的关系非常密切，两国多次互派使者出访对方。1411 年，满刺加国王拜里迷苏刺偕妻子和随员五百多人访华，明朝政府给予很高的礼遇。郑和七下西洋，其中五次到过满刺加，至今马六甲仍有三宝山、三宝庙和三宝井等郑和遗迹。[1] 16 世纪初西方殖民者侵入马来西亚，中国与马来西亚的国家间交往暂时停止，但民间往来不仅没有中断，反而更加频繁，大量华人移居马来西亚。

从出土文物和历史文献看，中国与菲律宾的历史交往可以追溯到东汉和三国时期。及至唐宋时代，两国的贸易和文化往来已经相当密切。982 年，麻逸国（故地或以为在今菲律宾之民都洛岛，或以为兼指吕宋岛等地）遣使载货来到广州，自此便不断有中国商人前往菲律宾经商，其中不少人在菲定居。即使在元代，中国与菲律宾的贸易也有较大的发展。明代，菲律宾地区的吕宋、蜂牙施兰、苏禄、猫里务等国先后与中国建立了外交关系。1372 年，吕宋遣使朝贡明廷。1417 年，明政府派张谦出使古麻刺朗（今棉兰老岛），古麻刺朗国王随同张谦到中国访问，后病逝于福州。也是在 1417 年，苏禄东王巴都葛叭哈刺率西王等带领庞大使团，携贵重礼物来中国访问，中国政府回赠以厚礼。东王在归途中病逝于山东德州，两个儿子、王妃等数十人留下来守墓。1737 年苏禄国王苏老丹访问中国，前往德

---

[1] 叶自成（主编），《地缘政治与中国外交》，第 242—243 页；也参见刘宏煊（主编），《中国睦邻史》，第 426— 427 页。

州祭拜祖茔，请求乾隆皇帝让守墓人入中国籍。郑和七下西洋，曾三次分舰访问仁牙国、马尼拉、民都洛和苏禄等地，菲律宾至今仍然流传郑和的故事，有些地方仍然有三宝庙、三宝井。明代后期，中菲贸易进一步发展，每年从中国开往菲律宾的商船有好几十艘。移民菲律宾的华人也逐渐增加，由于多为男性，故普遍与当地人通婚杂居。中国人把造纸、航海、制糖、酿酒、采矿、冶炼、制蜡、制鞋、制造火药等技术传入菲律宾，同时把中国农业技术、重要的农作物、风俗习惯甚至服装式样等传入菲律宾。另一方面，菲律宾人也移居中国，尤其是台湾地区。通过他们及往来中菲两地的大量华商，烟草、番茄、玉米、可可、龙舌兰、菠菜、南瓜、腰果等拉丁美洲作物传入中国。[1]

五、东南亚华人的重要作用

除贸易和政治往来以外（应注意，在传统东亚政治秩序中，朝贡虽主要是一种政治性的安排，但往往带有很大的贸易成分），人口流动也是东南亚与中国历史互动的重要内容，而人口流动方面影响最大者，莫过于华人对东南亚地区长达两千

[1] 叶自成（主编），《地缘政治与中国外交》，第242—243页；也参见刘宏煊（主编），《中国睦邻史》，第415—417页。

多年的移民活动。

据记载，西汉中后期，沿海地区中国人即开始"下南洋"。东汉末年至三国、两晋和南北朝时期，由于通往西域的陆上交通被游牧民族阻断，中国尤其是东南沿海地区的对外交往只能通过海路。这促进了中国航海和造船技术的发展。在这种情况下，下南洋的中国人越来越多。唐朝末年政局动荡，中国开始有成批移民前往南洋定居。两宋时期，中国的航海和造船技术得到大幅度提高，海外贸易规模明显扩大，前往南洋定居的中国人进一步增加。这些华人大多保持了中国传统价值观和生活方式，在当地形成了一些很好地保持着其文化特性的社会群体。但华人成规模地移民东南亚，开始于15世纪明朝前期。在郑和下西洋时代，出现了沿海地区中国人下南洋的一次高潮。[1]在人口压力下，广东福建的中国人借着先进的农业技术、手工业技术和航海技术，开始从家乡往南洋即现东南亚各地迁徙，马来半岛、爪哇、苏门答腊、婆罗洲、苏禄群岛和菲律宾出现了很多华人定居点。[2]明末清初，因国内社会动荡，也因西方殖民者在东南亚的资本主义经营需要大量有技能的劳动力，中国人再次大批移民东南亚各地。[3]准确地说，17世纪中叶以降，甘薯、

[1] 刘宏煊（主编），《中国睦邻史》，第436—438页。
[2] 滨下武志，《中国、东亚与全球经济：区域和历史的视角》，北京：社会科学文献出版社2009年，第42—43页。
[3] 叶自成（主编），《地缘政治与中国外交》，第375—376页；也参见韩方明，《华人与马来西亚现代化进程》，北京：商务印书馆2002年，第157、222页。

玉米等美洲农作物引入中国后，广东福建两省人口呈爆炸式增长，向海外移民成为解决人地矛盾、缓解人口压力的重要手段；正好也在这时，西方殖民势力进入了东南亚，其经济开发需要人力，尤其需要有技能的人口，这就给富于技能的华人创造了机会，广东人和福建人纷纷下南洋，这也使得福建广东沿海地区很快便与东南亚国家之间建立起了稳定的贸易联系。[1]除此之外，明末战乱也使不少战争流民和明朝遗民逃往海外。种种因素的作用，使华人很快遍布整个东南亚。除了掌握先进的农业（包括园艺和渔业）技术，他们中很多人还是熟练的手工业者，如裁缝、织工、鞋匠、泥水匠、金匠、银匠、锁匠、矿工等，几乎无所不包；他们开垦农田，开采矿山，对东南亚经济开发做出了很大贡献，对东南亚各地的人口结构和生活方式产生了很大影响。[2]应注意的是，尽管这一时期越来越多华人移民东南亚，并开始发挥越来越大的作用，但因中国资本主义进程晚西方一拍，也因中华民族所固有的和平主义禀性，再加上清朝对海外华人怀有防范心理，华人从母国政府得不到任何帮助，所以除了在少数地方建立过一些历时不久的小型政权，中国在东南亚广大地区并未取得持久和较大规模的政治控制。[3]

---

[1] 宫崎正胜，《航海图的世界史：海上道路改变世界》，朱悦玮译，北京：中信出版社 2015 年，第 182—183 页。
[2] 孔飞力，《他者中的华人：中国近代移民史》，李明欢译，南京：江苏人民出版社 2016 年，第 58—60、148—150 页。
[3] 如享有完全独立主权的华人国家"兰芳大统制共和国"从 1776 年一直存续到 1888 年。（参见同上书，第 80—83 页）

尽管明清两代中国政府实行过海禁政策（如在倭寇为患东南沿海时期，以及郑氏家族政权割据台湾时期），但是从 15 世纪起，几百年中大量华人仍源源不断地往东南亚移民。这一势头一直持续到 20 世纪。由于上述原因，目前东南亚华人约有 2 500 万。他们不仅具有中国血统[1]，而且在当地承传着中国文化，并以特殊的中国文化身份参与了所在国的经济和文化建设，为当地经济和社会发展做出了举世公认的贡献。正是由于这一缘故，目前华人在东南亚主要国家如新加坡、马来西亚、印度尼西亚、菲律宾、泰国、缅甸的经济生活中都享有举足轻重的地位。华人虽主要活跃于经济方面，但某些情况下，他们也深深参与所居国的政治活动，其中包括 20 世纪发生的反对西方殖民主义和帝国主义的政治斗争。[2]

　　15 世纪之前，印度文化和中国文化即先后进入东南亚，对那里的文明文化结构和人口构成产生了至为深远的影响。15 世纪以降，伊斯兰教由南亚世界的穆斯林传入印度尼西亚、马来亚、泰国和菲律宾等地。16 世纪以后，葡萄牙人、荷兰人、西班牙人、法国人和英国人在不同时期先后进入东南亚，各地区先后沦为殖民地，只有泰国是一个例外（在几代英明君主的治理下，泰国运用炉火纯青的外交手腕，得以幸免）。这对当

---

[1] 在菲律宾，重要人物如国父黎刹、第一共和国总统阿基纳度将军、首任众议院议长奥斯梅涅、前总统马科斯、前总统科·阿基诺、前总统杜特尔特等人都有中国血统。（参见刘宏煊（主编），《中国睦邻史》，第 416 页）
[2] 叶自成（主编），《地缘政治与中国外交》，第 375—377 页；刘宏煊（主编），《中国睦邻史》，第 441—445 页。

地的经济、社会和文化秩序不可能不产生巨大冲击。1940年代上半叶,日本占领和统治整个东南亚。1960至1970年代,当时执行扩张性政策的苏联也曾在该区域产生过一些影响。极复杂的历史背景使东南亚发展出了一种杂交型的文化结构,一种混合型和混血型的人口构成。然而,与所有进入东南亚的外区域民族相比,华人在经济、文化和人口上对该地区的影响无疑是最为持久的,从某种意义讲也可以说是最大的。尽管从古到今,南亚次大陆一直有移民迁徙到东南亚,但16世纪以后,中国沿海地区人口移民东南亚的势头越来越强,明显超过南亚,所以目前在主要的东南亚国家,华人在人口构成、经济影响力、文化影响力甚至政治参与程度方面都强于南亚移民。

长期以来,东南亚华人不仅身体力行在当地继承、传播和弘扬中国文化,而且充当了东南亚与中国的经济桥梁。他们往往在家乡捐建学校、医院或其他福利设施。更重要的是,他们把在海外积累起来的大量资金投入中国大陆的经济建设。迄于1990年代末,东南亚华人与香港地区、台湾地区的中国人在中国大陆的直接投资占全国外资的70%以上。[1]在重要的历史时刻,东南亚华人义无反顾地对其祖先所在的国家给予了人力物力和精神的支援,如辛亥革命前后和抗日战争期间他们的表现所示。总之,自古以来,中国大陆与东南亚之间便一直存在着密切的经济和文化互动;及至20世

[1] 刘宏,《中国—东南亚学:理论建构·互动模式·个案分析》,北京:中国社会科学出版社2000年,第19页。

纪，双方更有了越来越密切的政治互动。这种政治互动的一个最重要的桥梁当然是东南亚华人。[1]

六、东亚整合：历史与现时

谈东亚的整合，首先得注意一个极重要的地理-自然事实：包括东南亚在内的东亚不仅是一个自成一体的地缘单位，而且是一个由海洋和季风紧密联系起来的地缘单位。这里，海洋的作用几乎不用解释，但季风的形成机制及重要作用却未必不言自明。作为一种自然现象，季风产生于由太阳对海洋和陆地加热的差异所导致的气压差：

> 由于陆上吸热比海洋快，因此气温比较高，上空的空气也比较稀薄，造成气压低于海洋上空的趋势，结果夏季在大陆跟海洋的交接地带就形成了气压差，风也基本上从海洋吹向陆地；到了冬季，天气寒冷，因海洋的散热比陆地慢，海洋的温度比陆地高，海洋上空的空气就比陆地上空稀

---

[1] 关于东南亚华人，参见阮炜"文明研究"系列之《文明的意志》（上海：上海三联书店 2021 年）第二章更详细的讨论。

薄, 气压也就比陆地上低, 结果冬天的风就常常是从陆地刮向海洋的。[1]

尽管人类发现季风形成的科学规律相对较晚, 但东亚人早早就注意到, 南海—西太平洋一带夏季盛行西南季风, 冬季盛行东北季风。正是这种具有规律性的自然力, 给中国大陆至"南洋"的远洋航行带来了极大的便利, 因此早在1世纪, 中国便开始了与东南亚地区的往来。16世纪以后, 因华人和西方人的大量进入, 中国与东南亚的联系才有了规模性。尽管进入19世纪后期及20世纪以后, 尤其是在包括1997年亚洲金融危机在内的20世纪最后二三十年, 中国与东南亚的互动才获得爆炸性速度, 但有论者认为, 20世纪以前, 东亚各国的互动体现为一种不受现代思想观念束缚的"自下而上的区域网络建构", 一种自发的"在相对自然的演化过程中形成的区域网络", 其中人类行为者包括华人、西方殖民者和东南亚原住民, 而非人类行为者则是海洋、季风和帆船。[2] 这里, 所谓"区域网络建构"显然是以地理自然条件为前提的, 其中季风是一个关键因素。

种种地理、自然和历史因素解释了为什么早在1979年,

[1] 金秋鹏,《中国古代造船与航海》, 北京: 中国国际广播出版社2011年, 第142—143页。
[2] 王利兵,《区域、网络与公共资源治理》,《读书》2020年第6期, 第101—109页。

东亚区域内绝对贸易密集度便与北美的持平[1]；而在亚洲金融危机发生之后的 2005 年，东亚的区内贸易已达到东亚各国贸易总额的 54%，"比 1980 年增长了 20 个百分点，超过了北美自由贸易区区内贸易占该区各国贸易总额 46% 的水平"，接近整合度非常高的欧元区区内贸易量占该区区内贸易总额 64% 的水平。[2] 目前，东亚区域内贸易总量只可能更高，不可能更低。东亚经济整合进程之逐渐加快，获得加速度，当然与全球化进程加速有关，但无疑与中国——尤其是改革开放以来的中国在东亚发挥的巨大作用有关，也与 19 世纪末以来日本在东亚经济中地位迅速上升，带动其他经济体较快发展有关，更与大量华人移民开发东南亚有着极其密切的关系。也应承认，近代初期以资本主义生产方式进入东亚（尤其是东南亚）的西方殖民者也发挥了十分重要的作用。谈论近代以来东亚的整合，西方是一个不可回避的话题。

也许不能说西方人的进入骤然打断了公元纪年前即已开始的东亚整合进程的节奏，但可以毫不夸张地说，西方人的进入客观上起到了一种催化和加速东亚整合的作用。不妨以马来西亚为例，"从华人移民的历史过程来看，马来亚华人移民的数量与英国殖民者统治并开发马来亚国土面积的数量呈正比关系"，

---

[1] 孙静怡、佟伟伟，《东亚区域内贸易发展现状分析》，《世界家苑》2018 年第 7 期。
[2] 郑必坚，《中国和平崛起与亚洲的新角色》，《参考消息》2005 年 5 月 19 日第 15 版。

而从勤奋和熟练劳动力可获得性的角度看，华人的作用超过其他任何种族。正是大量华人的辛勤劳动，才使得英国为主的西方资本在马来亚发挥其作用，才使得华人资本得以形成和发展。[1]西方人进入东南亚所起的催化作用[2]，使已经持续了两千多年区域整合进程的方向和性质发生了深刻变化。从表面上看，这种变化对中国在东南亚的传统地位是不利的。中国在东南亚的传统权威因西方的进入而遭受蚕食。至 19 世纪，除了泰国，东南亚各地已悉数沦为西方殖民地，西方文化和制度也全面渗入包括中国在内的东亚其他地区。及至 19 世纪末，中国在东亚的传统权威更因在甲午战争中战败而荡然无存。尽管如此，在最为关键的人口构成方面，相对于东亚内部的移民，西方人却从未占过优势，而是始终处于劣势，而且这种态势越到后来越明显。第二次世界（欧洲）大战后，随着去殖民化进程的展开，人口意义上的西方开始向 1500 年之前的相对位置退却。怎么强调也不过分的是，西方人不可能改变东南亚乃至整个东亚整合的历史大势，而只能催化和加速这一趋势。这是因为作为一个天然的地缘单位，东亚各国各地区之间先天地存在着一种内在整合需要。当然，东亚各国间的文化亲缘性很有利于地缘经济整合。

在 1840 年以前绝大部分历史上，中国无可置疑地是东亚的经济发动机，是东亚地缘经济乃至地缘文化政治整合进程中

---

[1] 韩方明，《华人与马来西亚现代化进程》，第 157、222 页。
[2] 宫崎正胜，《航海图的世界史》，第 182—183 页。

当之无愧的核心国家，对于包括日本（明治维新以前的日本还算不上是另一个核心国家）在内的所有东亚国家都具有强大的吸引力。据不完全统计，1662 年至 1839 年期间，来中国的日本商船多达 6 200 艘。[1] 前往日本的中国商船也不在少数。事实上，中国商人在 1638 年日本实行闭关锁国后，同荷兰商人一样，甚至比后者更有效地参与了日本列岛的铜和银的贸易。[2] 也不可忘记东亚朝贡体系的贸易功能。以中国为中心的东亚国际秩序事实上构成了一个"多边纳贡贸易网"，同时也从这个贸易网络之外吸收大量商品。[3] 但这还仅仅是以中国为中心的正式的政治-贸易关系。与此平行的是非常活跃的民间贸易往来：

> 来自中国广东、浙江、福建等省的货船到日本、菲律宾、梭罗、摩鹿加、苏拉维西、西里伯斯、婆罗洲、爪哇、苏门答腊、新加坡、廖内、马来亚半岛东岸、暹罗、交趾支那、柬埔寨和东京湾进行贸易活动。东向沿海路线把与台湾相对的福建同菲律宾和印度尼西亚联系起来。西向沿海路线把广东同东南亚大陆联系起来。据估计，

[1] 刘宏煊（主编），《中国睦邻史》，第 62 页。
[2] 费尔南·布罗代尔，《15 至 18 世纪的物质文明、经济和资本主义》（三卷本），顾良译、施康强校，北京：三联书店 1993 年，第二卷，第 647 页；弗兰克，《白银资本》，第 154—156 页。
[3] Takeshi Hamashita（滨下武志），"The Tribute Trade System and Modern Asia", *Toyo Bunko*, No. 46，转引自弗兰克，《白银资本》，第 168 页。

在当时（大概在 1900 年之后不久）的 222 艘货船中，每次有 20 艘是开往日本、交趾支那和东京湾的，有 10 艘开往菲律宾、婆罗洲、苏门答腊、新加坡和柬埔寨。[1]

中国商人还"在马尼拉接收大帆船从阿卡普尔科（南美港口）运来的白银；中国始终派人出外经商，中国的工匠、商人和货物深入南洋群岛的每个角落。后来，随着欧洲对华贸易的高涨，广州成为一个刺激和推动整个中国经济的贸易中心，并且在更高的层次上，促使银行家、金融家和放债人变得更加精明能干"[2]。

　　不难想见，因东亚各国各地区之间一直存在较为密切的经济、文化和政治互动和整合的趋势，一旦现代民族国家最终形成，一旦民族国家形成和巩固过程中产生的领土争端问题解决，各国各地区之间的政治纠纷也就最终可望获得解决。一旦政治纠纷解决，各国各地区之间一直存在的基于地缘一体性、经济合作和文化亲和的一体化进程就将获得全新的速度。在这方面，东南亚已经走到中日韩三国前面，而驱使东南亚国家抛弃前嫌，结成一个具有相当大国际影响力的经济政治同盟即东南亚国家联盟的，是各国根本的共同利益。不

---

［1］ 弗兰克，《白银资本》，第 148 页。
［2］ 布罗代尔，《15 至 18 世纪的物质文明、经济和资本主义》，第二卷，第 647—648 页；也参见弗兰克，《白银资本》，第 138—153 页。

言而喻，归根结底，这种共同利益源自那种不可更改、不可取消的毗邻性或地缘一体性。1967 年 8 月，由马来西亚、菲律宾、新加坡、泰国和印尼五国组成的东南亚国家联盟（"东盟"）成立。之后，其他五个国家陆续加入。1995 年 7 月，社会主义越南正式成为东盟成员国。随着 1999 年 4 月柬埔寨的正式加入，东盟成为一个覆盖整个东南亚的区域组织，一个政治、经济、社会和文化的联合体。2015 年 12 月 31 日，"东盟共同体"正式成立，由东盟经济共同体、东盟安全共同体以及东盟社会文化共同体三大部分组成。升级之后，东盟内部整合程度已有明显的提高，各成员国已在更大程度上作为一个整体出现在国际舞台上。从东盟与中国的经济关系来看，早在 2005 年，东盟与中国贸易额便高达 1 300 多亿美元，跃升为中国第四大贸易伙伴。[1] 2019 年，东盟与中国贸易额已达到 6 415 亿美元，历史性地成为中国第二大贸易伙伴[2]（其中，中国对东盟出口达到 3 594.2 亿美元，从东盟进口达 2 820.4 亿美[3]；而其中，中国与马来西亚、泰国、印度尼西亚和新加坡四国的进出口贸易额最大，2019 年分别达到

[1] 数据来源为《中国—东盟合作 15 年贸易额增 15 倍》，中国证券网 2012 年 4 月 5 日；朱炎，《中国的 FTA 战略及其影响》，载中国社会科学研究会（编），《中国与日本的他者认识——中日学者的共同探讨》，北京：社会科学文献出版社 2004 年，第 241—245 页；"中央社"台北 2005 年 5 月 1 日电，《东盟跃升为中国第四大贸易伙伴》，载《参考消息》2005 年 5 月 2 日第 8 版。
[2] 《从 2019 年中国与东盟贸易分析看东盟贸易圈》，搜狐网 2020 年 4 月 21 日，下载时间为 2020 年 6 月 30 日。
[3] 《2019 年中国与东盟贸易分析》，搜狐焦点，下载时间为 2020 年 4 月 10 日。

8 550.5 亿元人民币、6 236.5 亿元人民币、5 498.6 亿元人民币和 6 204.5 亿元人民币，四国进出口贸易额总计约为 3 798 亿美元[1]）。而在 2020 年上半年，因英国脱欧和中美贸易战等原因，东盟跃升为中国第一大贸易伙伴，与中国贸易额近 3 000 亿美元。

可见，尽管冷战期间东南亚国家在美英两国的撺掇下与西方站在一起，把中国视为威胁，成立了针对中国的"东南亚条约组织"，尽管东盟（其前身即东南亚条约组织）在成立之初明显带有防范中国的目的，尽管日本在"二战"期间曾占领过东南亚，但这些统统只能视为国际关系中一种非结构性的、不持久的表层现象。在更深的结构性层面，东南亚与东亚其他地区尤其是中日韩之间有一种深刻的共同利害关系，而这种利害关系又建立在中日韩和东南亚各国所拥有的根本性的空间毗邻性和文化亲和性基础上。这一点，在先前曾一度防范中国的东南亚国家最后与中国联起手来，共同牵制越南扩张主义一事上便得到了证明。[2]自 1960 年代末至整个 1970 年代，越南在苏联支持下对东南亚搞地区霸权主义，1978 年更是入侵柬埔寨，破坏地区和平和稳定。这种形势加速了东盟与中国的表层对峙走向终结，而双方和解的根本原因无疑是深层次的共同利益。

---

[1] 数据来源为《2019 年 1—12 月中国跟主要贸易伙伴商品出口、进口总值》，全球经济数据，下载时间为 2020 年 6 月 24 日。

[2] 唐希中等，《中国与周边国家关系》，第 247—251、307、311、321 页；也参见马嬡，《区域主义与发展中国家》，第 80 页。

自此和解与合作成为东盟与中国关系的主调。矛盾解决后，东南亚进入一个更高层次的整合时期。1990年代初苏联解体，冷战结束，苏联势力退出东南亚，自此越南不再有外部势力支持，失去了搞霸权主义的客观条件。出于自身根本利益的考量，越南也终于在1995年正式加入东盟。

更能体现东亚整合大趋势及中日韩与东南亚国家的相互依赖和相互援助的，是1997年亚洲金融危机爆发以后，东亚各国面对大困局时的通力合作与密切协调。1997年以前，包括中美日在内的几十个环太平洋国家构成的亚太经合组织（APEC）已大体成形，西方主导的国际货币基金组织（IMF）更是一个颇具影响力的老牌国际机构。然而，危机袭来，这两个组织都令东亚国家大失所望。亚太经合组织其实没有制订也不可能制订实质性的协调合作计划，它只是一个论坛，而且太过庞杂，包括西太平洋、北美、拉美和大洋洲太多的国家。国家太多意味着众口难调，它们之间分歧严重，无心、无意、无力形成统一意志以有效应付突如其来的金融风暴。遭受危机打击最早最重的东盟也因诸多内部分歧，更因缺乏一个核心大国，竟拿不出缓解危机的可行办法。美国和欧洲大国则对危机抱着一种无动于衷的态度，根本未能像亚洲国家所期待的那样，拿出一套符合亚洲实际情况的有效解决方案。国际货币基金组织表现如何呢？起初，东南亚和其他东亚国家对国际货币基金组织寄予厚望，以为它会认真帮助解决金融危机。然而，西方人主导的该国际机构的所作所为却表明其目光的狭隘和政治上的无知，令亚洲国家非常失望。[1]

与之正相反，为了稳定局势，中国郑重承诺不贬值人民币。日本则提议建立一个"亚洲货币基金组织"，以缓解危机及应对可能出现的问题。中国在自身财力并非雄厚、金融系统也可能遭受冲击的情况下，为解救东南亚国家投入了可观的资金（仅对泰国就投入 10 亿美元）。日本更以雄厚的财力投入"巨额资金"。[2]而美国和国际货币基金组织不仅拿不出具体的援救方案，甚至否决了日本提出的建立"亚洲货币基金组织"的建议。凡此种种，使东亚各国深切认识到：远亲不如近邻。第一次"东盟＋3"会议在 1997 年 7 月亚洲金融危机爆发之后当年的 12 月份召开，正是 APEC 陷入僵局之后发生的事。这即便不是有意的安排，也绝非巧合。[3]照此发展下去，最终建成一个东亚人自己的区域性金融组织，是合乎逻辑、自然而然的事。2016 年 2 月成立的国际组织东盟与中日韩（10+3）宏观经济研究办公室（AMRO），或者说东亚版的 IMF，便是这种区域性金融组织的雏形。

由于中日之间存在众所周知的战略竞争关系，近年来，日本方面以担心中国"攻击性"与日俱增为由，出面推动以美国为首的美、日、印、澳亚洲版北约，即所谓"印太战略"，以制

［1］参见张锋，《东亚合作，文化是基础》，《环球时报》2004 年 12 月 6 日第
       8 版。
［2］同上。
［3］本段讨论参见同上。

衡中国（东盟方面对此并不买账，认为中国与日本及所有东亚国家之间存在着深厚的经济关系，搞一个针对中国的联盟并不明智；在疫情尚未得到控制的情况下，首先应当考虑的是合作抗疫[1]）。尽管如此，日本方面不乏现实主义者，甚至不乏具有长远眼光、主张建构东亚共同体的人士。一直以来，知名学者青木保密切关注东亚共同体问题，2005 年 12 在吉隆坡首届东亚峰会召开之际，中国记者对他进行了采访，其观点摘要如下：

> 日本最初的立场是，不建立狭义上的东亚共同体，共同体应当包括澳大利亚、新西兰、印度等。我个人认为这种观点不妥，召开东亚首脑会议让这些国家的首脑参加关系不大，东亚共同体最终仍然要限定在东盟 10 国加中日韩三国的范围之内……在这一地区（东亚），存在着历史中各种各样的纠葛，过去中日韩三国很少有联合行动的愿望，就建立共同体达成共识，并在东亚首脑会议上进行讨论，这一行动本身非常重要。中日韩之间，三国和东盟之间，在经济上关系已十分紧密，共同体应该向更加紧密的方向发展。东南亚国家已经成为东盟成员，日中韩之间却还没有共同的联系纽带，建立东亚共同体将把以上国家全部联

---

[1] 阿纳托利·科什金，《日本首相被疑欲建立美国主导的"亚洲版北约"——但东盟不想听命于美日》，《参考消息》2020 年 10 月 24 日第 3 版。

合起来。现在是怎么办的问题，一部分日本人认为，如果东亚共同体为东盟10加3，中国势力过于强大，会令人遗憾地形成中国霸权。为了限制中国，不让中国过于强大，需要澳大利亚、新西兰和印度等国加入，我对这种看法不以为然。中国虽然已经很强大，而且越来越强大，但日本仍然非常重要。日本和中国之间不可认为彼此是对方的威胁。在东亚共同体的框架内，日本和中国联合起来对日本有利。如果成立东亚共同体，中日韩在东亚共同体的框架内对话渠道更为畅通，这有利于三国的发展……亚洲又是世界经济最活跃的地区，有着30亿人口的大市场，不联合起来，无论怎样都让人感到不可思议。[1]

七、整合进程中的中日韩与东盟

当然，东亚的整合进程并不是在金融危机爆发后才启动的，而是一直在进行。1975年，中国便正式承认了东盟。冷战结束

---

[1] 摘自《日本学者谈东亚共同体》，《参考消息》2005年月12月15日第14版。

以后，中国与东盟各国陆续建立或恢复了外交关系。1990年代初，中日韩三国就已开始与东盟的正式接触。1994年，东盟地区论坛成立，中国参加该论坛首次会议。1996年，中国正式成为东盟全面对话伙伴国。1997年12月，中国国家主席出席了第一次东盟—中日韩和中国—东盟首脑非正式会晤。在这次会晤中，双方就确立中国与东盟面向21世纪的睦邻互信伙伴关系达成了多方面的共识。1998年12月，东盟—中日韩与中国—东盟首脑举行了第二次非正式会晤。此后，东盟与中日韩和东盟与中国每年举行一次例行首脑会晤，东亚各国在经济、金融、贸易、科技和其他方面的合作因此获得更大的势能。在这些会晤中，东亚各国不仅确立了相互尊重主权和领土完整、互不侵犯、互不干涉内政、平等互利、和平共处的基本原则，以及互惠互利、优势互补、共同发展、共同繁荣的总方针，而且在许多具体问题——如东盟自由贸易区、自由投资区、湄公河流域开发、教育和科技合作上都达成了操作性极强的协议。[1]

1999年底举行东盟与中日韩首脑会晤时，东盟方面提议在2000年东盟年会召开期间，同时召开东盟与中日韩外长会议，即所谓"10+3"会议。第四次东盟与中日韩外长会议于2000年11月24日在新加坡举行。自此次会议起，该会议名称不再称"非正式"，而改为"东盟与中日韩（10+3）领导人会议"，这标志着10+3机制正式建立。在2001年中国和东盟首脑举

---

[1] 唐希中等，《中国与周边国家关系》，第310—320页；也参见马孆，《区域主义与发展中国家》，第64—101页。

行的会晤上，中国与东盟双方共同决定建立中国—东盟自由贸易区。2004年11月，中国与东盟签署了《货物贸易协议》，7000余种产品享受相互优惠关税待遇，这标志着中国—东盟自贸区进入了实质性建设阶段。2007年，中国与东盟又签署《服务贸易协议》，放宽了建筑、运输、金融、旅游等多个行业的准入标准。2009年8月15日，中国与东盟签署了中国—东盟自由贸易区《投资协议》，该协议的签订标志着自贸区协议的主要谈判已经完成。2010年1月1日，世界上最大的自由贸易区——中国—东盟自由贸易区正式启动。

至2019年，中国—东盟自由贸易区已有20亿以上人口和近18万亿美元年的国内生产总值。值得欣慰的是，在新冠疫情肆虐、全球贸易遭遇巨大冲击、经济数据普遍严重下滑的情况下，2020年1—4月，中国与东盟进出口贸易竟继续增长，总额达1.35万亿元人民币，同比增长5.7%。[1]据另一项统计，2020年1—6月，东盟对中国贸易额在疫情中逆势增长，总值达到2978亿美元，成为中国第一大贸易伙伴。中国曾经的最大贸易伙伴欧盟由于英国脱欧等原因，与中国的贸易额降至2841亿美元；美国则因跟中国贸易摩擦和外交关系紧张等原因，与中国的贸易额同比下降6.6%。从在中国贸易总额中的占比看，东盟从2019年的14%提升至2020年上半年的14.7%，欧盟从15.4%降至14%，而美国从

---

[1] 参见叶海林，《后疫情时代东亚合作将更强劲》，《参考消息》2020年7月3日。

11.8% 降至 11.5%。[1]

从某种程度上讲，先天的地缘一体性和密切经济合作已产生了可观的国际政治红利。2020 年 7 月 13 日，美国政府放弃之前在南海领土争端中保持中立的一贯做法，发表声明正式反对中国南海主张。这看似对东南亚几个领土争端国十分有利，但它们并不买账。时任菲律宾总统的杜特尔特表示，"随着对抗升级，大国会吸引我们站到它们一边。但我们将推进自己的国家利益……我们将继续推进我们（与中国）的双边关系"[2]，甚至禁止菲律宾海军在南海与其他国家举行联合军演[3]。马来西亚有关人士表示，马来西亚不大可能"变得非常'起劲'，站出来对抗中国"；而越南方面认为，美国的转变不会对当地产生任何影响。[4]据日本媒体报道，越南和马来西亚在蓬佩奥发表声明反对中国主张之初，曾摆出姿态要与美国保持一致，可随着美国对华敌意升高，则越来越多地采取中立立场。[5]印尼外交部发言人也表示，其立场仍然是"坚定和一贯"的，即不会受美国南海搅局升级的影响；亚洲海事透明倡议的主任

---

[1]《上半年东盟成为中国最大贸易伙伴》，《日本经济新闻》2020 年 7 月 15 日，载《参考消息》2020 年 7 月 16 日第 14 版。

[2]《尽管美国支持国际法庭作出的不利于中国的南中国海仲裁，但东盟国家将坚持现行路线》，新加坡《海峡时报》2020 年 7 月 14 日，载《参考消息》2020 年 7 月 16 日第 16 版。

[3]《东盟谨慎对待美国组建对华包围圈的提议》，日本《读卖新闻》2020 年 8 月 15 日，载《参考消息》2020 年 8 月 16 日第 1 版。

[4]参见《尽管美国支持国际法庭作出的不利于中国的南中国海仲裁，但东盟国家将坚持现行路线》。

[5]参见上引《东盟谨慎对待美国组建对华包围圈的提议》文。

格雷格·波林认为，"印尼永远不会加入'四国联盟'那样的（反华）集团"[1]。在中美竞争加剧的情况下，新加坡同样避免选边站，并未寻求加强与美国的关系，而也同样努力寻求与北京的关系。[2]某些东南亚国家甚至表达了要加强与中国军事合作的意愿。马来西亚总理穆希西表示，希望在防务领域加强与中国的合作；印尼防长普拉博沃表示，印尼军队愿与中方加强团组互访、联合训练、装备技术等领域的务实合作，推动两军关系不断取得新的发展；文莱苏丹哈桑纳尔也表示愿与中方继续开展防务合作。[3]

中国宣布涉港国家安全立法后，在美国通过了涉港新法案，取消了对香港地区的特殊待遇，以及英国、澳大利亚、加拿大、新西兰暂停与香港地区的引渡条约的情况下，新加坡现总理李显龙讲了一番公道话："香港久久无法自行订立国安法，社会高度分化，示威活动不但没有停息，还越来越暴力。纵观过去几年趋势，可以清楚看到这样的情况不能无限期。"[4]日本在中国涉港安全法出台之后中国与以美国为首的"五眼国家"关系空前紧张的情况下，也表现出不愿与中国对抗的态度。据西方媒体报道，"尽管……华盛顿也威胁要实施

[1] 詹姆斯·马索拉，《美国在东南亚推动反华的做法不奏效》，陈俊安译，《悉尼先驱晨报》2020年10月26日，载《环球时报》2020年10月27日。
[2] 参见《新加坡：拒绝在中美间选边站》，新加坡《联合早报》，载《参考消息》2020年7月30日第14版。
[3]《中国与东盟国家发展军事联系》，《参考消息》2020年9月15日第14版。
[4]《在香港问题上，新加坡总理李显龙说了一番公道话》，新浪新闻2020年7月30日，下载时间为2020年7月31日。

制裁，但日本却仅限于……表示关切……这种态度反映出让日本与其强大邻国脱钩是不切实际的，也表明华盛顿要想建立与北京对抗的联盟是多么困难"[1]。更有意思的是，在美国要求其在中美竞争中选边站队压力越来越大的情况下，韩国的表态比其他所有东亚国家都更为明确："首尔无意成为中国的敌人……文在寅政府一直不愿配合，反对禁止向华为和其他中国企业出售半导体，并拒绝批评中国……。"[2]在2022年4—5月于华盛顿召开的美国—东盟峰会以及在日本举行的印太战略会议上，即使有美国方面的政治压力和经济上的诱惑，东南亚国家也几乎一致地再次明确表示，不会在中美竞争中的选边站队。

从上述事实可知，一个事实上的东亚经济共同体已然诞生，东亚已然以一个巨大经济联盟的面貌出现在世界舞台上了。尽管成立自由贸易区，甚至东盟成为中国第一大贸易伙伴等并非意味着东亚经济整合已经完成，但这些事态必将进一步推动和深化东亚的经济整合，而随着经济一体化进程的越来越深入，社会文化上的东亚一体化也将获得越来越大的动能。不用说，这种局面对于中国乃至整个东亚的真正崛起

---

[1] 参见《日本谨慎处理对华关系》一文，英国《金融时报》2020年7月28日，译文《日本：避免与中国直接对抗》载《参考消息》2020年7月30日第14版。
[2] 参见《韩国奉行独立的对华路线》，《国家利益》杂志网站2020年7月27日，《环球时报》译文2020年7月29日发布，下载时间为2020年7月31日。

将极为有利。凡此种种表明，尽管实现更具实质性的整合（比方说，达到欧盟水平的经济、社会文化和政治整合程度）还任重道远，但是拟议中的东亚共同体绝非空中楼阁，而有着地缘经济和地缘文化方面的广泛基础。从这个意义上讲，形式意义上的东亚共同体的最终诞生，只不过是从公元纪年前即已开始的漫长整合过程的一个重要的里程碑，一条新的起跑线。基于先天地缘一体性、文化亲和性之内在整合动能一直存在于各东亚国家中，而正是这种内在整合动能构成了东亚整合的根本缘由和动力。它意味着，无论如何，东亚经济和社会文化一体化都是一种必然的历史运动。正是在此意义上，东亚在其未来整合进程中，即便出现了类似（哪怕只是些许类似）于欧盟的共同体委员会、共同体议会和共同体宪法之类的正式机构，也不会因此而告一段落，而是将借助这些机制进一步深入整合下去。

必须看到，由于美国介入东亚以及复杂的历史纠葛，由于中日两国间的历史积怨，也由于中国与越南、菲律宾、马来西亚和印尼等国之间仍然存在的边界争端，目前就把东亚政治整合提上议程显然为时过早。但是可以预料，在将来某个时候，如果不出现重大意外，或许就在三四十年之后，中日韩三国和东盟的经济、金融整合（以及教育、科技、环保和其他方面的跨国合作）将达到一个今天还完全不可想象的高度；而从长远看，这种金融和经济整合势必为东亚的深度社会文化整合铺平道路。也就是说，短期内虽看不见社会文化乃至政治整合的前景，至少中国与日本和某些东南亚国家之间因历史和现时问题产生的社会文化和政治紧张将大大缓解。

当然，除了中日之间的历史积怨和现实龃龉外，东亚各国的进一步整合（尤其是未来的社会文化整合）还将面临一些欧洲并不存在的不利因素，甚至是非常难以逾越的障碍。如欧盟国家享有一大片整块陆地（英国虽是岛国，但与欧陆之间早已有海底隧道相连，遑论欧洲发达的航空），而东亚各国在地理上却像是一盘散沙，甚至有日本、印尼和菲律宾这样的千岛之国、万岛之国。一个铁的事实是：经济和人口意义上的东亚大国之间横亘着滔滔大洋。东亚的民族、宗教和文化构成也极复杂，囊括所有世界性宗教或文化形态，如伊斯兰教、佛教、印度教、基督教和儒家文化，而且没有一种宗教或者文化形态占主导地位。相比之下，由于基督教占压倒性的主导地位，欧洲宗教构成简单得多。除此之外，目前东亚各国和各地区之间在社会、经济发展程度方面仍存在巨大差距；中国的台湾问题尚未得到解决，而台湾问题的解决又牵涉到异常复杂的中美关系。在一定程度上，由于日本与美国的安全同盟关系，也由于日本对战争罪行的反省不如德国来得诚恳、深刻，中日两个核心大国关系的正常发展受到了阻碍。此外，中国与日本、越南、菲律宾、印尼等国家之间存在领土或领海纠纷，日本与韩国、朝鲜之间也存在着领海争端。

但另一方面，也应看到东亚拥有的有利条件。不妨再对东亚与欧盟作一个比较。尽管当前东亚一体化所面临的种种问题，在两次欧洲大战之前欧洲就已以不同形式和程度经历过了，但直至今日，欧洲不同地区之间在经济发展程度方面仍存在不小的差距。换句话说，地区之间经济发展的差距不应该看作区域整合的根本性障碍。欧盟意义上的欧洲整合虽为法国和德国这样的核心国家所不断推动，但同样是大国的英国却一直不那么同心同德，甚至举行全民公投脱离欧盟；另一个欧洲大国意大利因力量不够等原因，也从来都显得不够热心。此外，法德虽都是具有整合力的欧洲大国，却没有一个占有中国和日本在东亚所具有的优势。相比之下，东亚有中国和日本两个超强大国，其巨大的人口数量和经济规模不仅在东亚，就是在全世界也占有举足轻重的地位，远远超过其他亚洲国家。从长远看，只要中日两国能够处理好彼此关系，其对东亚（乃至周边地区）的巨大整合作用，将不是法国、德国或意大利对欧洲的整合作用所能比拟的。

东亚有两个核心大国之格局至关重要。在一个地缘共同体中，如各成员国实力不相上下，就容易出现争夺领导权的斗争，从而阻碍共同体的整合进程，甚至导致区域性的经济政治动荡。若有无可争议的核心大国，较小的成员国接受不太重要的地位就更容易，出现严重纠纷和争端的可能性就相对较低。有核心大国发挥组织协调作用，也更容易形成统一意志，共同体组织机构的决策和运行会更有效率。目前非洲、南亚和拉丁美洲存在诸多区域组织，其中大多数无所作为，很大程度上是因为缺乏强有力的核心国家。即便是东盟这一相当有影响的区域组织，也因缺乏核心大国而不能有效地应对区内区外的种种挑战。

　　一个地缘共同体中如果同时存在两个核心大国，会出现什么情形？会不会导致二虎相争、两败俱伤的后果？这主要取决于这两个核心大国之间的结构性利益关系，也取决于它们如何认知和处理彼此之间的关系。从冷战时期苏联主导的"经互会"和印度主导的"南亚地区合作联盟"（成立于1985年）来看，只有一个核心大国（分别为苏联和印度）似乎并不是好事。由于没有其他强国制衡核心大国，一家独霸的局面几乎不可避免，区域组织所应当具有的凝聚力也就无从谈起。如此，诸小国与唯一大国之间以及小国与小国之间的矛盾很难得到平衡，结果很可能是整个区域组织无所作为如南亚，甚至分崩离析如"经互会"（"经互会"的散伙当然有苏联解体这一关键原因）。从欧盟情况来看，法德两个大国曾是欧洲地缘政治中誓不两立的冤家。但此一时非彼一时，"二战"结束后欧洲整合成为不可逆转的大趋势，最近二十来年，法德两国已成为推动欧洲一体化进程的密切合作者或双子引擎。不妨作一个推论和预测：如果同时存在两个核心国家，就不大可能出现一强独大的格局，而更可能出现一种两强自我约束、共同发展的局面；如果两强具有足够的政治智慧和克制精神，能妥善处理好历史遗留的和可能出现的矛盾，就可能形成一种良性互动和互补关系，从而有效推动整个共同体的一体化进程。

　　当然，即便有中日两个核心大国，拟议中作为地缘共同体的东亚的整合也不会一帆风顺。随着一体化程度越来越深，在将来某个时候将建立一种得到各成员国一致认可、充分反映各成员国意志并有效代表各成员国利益的共同管理机制。这种机制的建立和运作又意味着，各成员国为更长远、更大的国家利益着想，最终会走到这一步：向其交出较多主权，受到较多限制。这当然牵涉到各国间极复杂的权力平衡和权责界定，不可能一蹴而就。目前，东盟与中日韩领导人会议即 10+3 机制是在中日两国相对被动的特殊背景下诞生的，具有一定的非正式性，很难就特别重大的问题达成有意义的协议。迄于目前，在这种机制中，东盟与中日韩的关系也带有一定的主客色彩。而在未来更具实质意义的共同管理机制中，中日就算不能起到更大的作用，也应当扮演起法德两国目前在欧盟所扮演的那种角色。

如果说得到各方认可的共同管理机制已经建立了起来，东盟作为牵头人的 10+3 机制是否就完成历史使命了？东亚的情况远比欧洲复杂，所以答案不可能简单。既然中日之间、中日两国与某些东盟国家间的历史恩怨和现时龃龉尚未完全得到解决，既然东亚整合任重道远，以东亚整合与促进东亚各国共同利益为根本目的的 10+3 机制（而非一个超国家组织机构）就可能长时间存在。在中日韩三国因历史积怨和现时竞争不能进行充分合作，共同主导一体化进程的情况下，东盟唱主角不仅无害，反而有益。也应考虑到，东盟成员国面临中日两个大国始终有一种天然的忧虑。它们不可避免地会有这种感觉，即中日在未来初具雏形的东亚共同体中必然会发挥主导作用。所以，在向具有实质意义的超国家组织机构的过渡中，必须充分考虑历史沿革，努力打消东盟的顾虑，在相当长时期内由东盟发挥牵头人的作用，甚至拟建中的东亚共同体的某个类似于中央权力机构的组织成立以后，10+3机制也应继续以首脑（以及外交部长）会议的形式继续存在，实行具有东亚特色的"双轨制"，以便保护更弱小的东亚各国的利益。唯其如此，作为地缘共同体的东亚中较小较弱的国家方能获得应有的尊严，它们的疑虑方能打消，它们方能全心全意推动地缘东亚的整合事业。

八、对蒙古国、中亚、俄罗斯远东等的经济整合

仍有待讨论的另一点是：东亚整合的范围并非局限于中日韩和东盟诸国，而是更广，应该将蒙古国、中亚诸国、俄罗斯远东等囊括进来。

先谈谈蒙古国。东亚经济整合虽主要发生在中日韩和东南亚国家之间，但这并非意味着，蒙古国是一个完全退隐的国家，特立独行超然于轰轰烈烈的东亚整合进程之外。现在的蒙古国脱胎于清代漠北的外喀尔喀诸部，趁国家动荡之际脱离中

国，1921年自行宣布独立，1946年被国民党当局承认。在冷战时期，蒙古国暂时依附苏联集团，但冷战结束后又旋即返回其固有的经济和文化轨道。目前，蒙古国大约有人口300万（2020年），其中大约44%从事畜牧业；农业不发达；工业规模太小，现代化程度偏低。因此蒙古国与东亚尤其是中国经济的互补性极强，在可见的将来也不大可能因外部势力（如美国）介入而摆脱这种互补关系。

再看看哈萨克斯坦、吉尔吉斯斯坦、塔吉克斯坦和乌兹别克斯坦。在冷战时期，这四个中亚国家都是苏联的加盟共和国。冷战结束以后，哈萨克斯坦、吉尔吉斯斯坦、塔吉克斯坦与俄罗斯、白俄罗斯、亚美尼亚组成了区域性军事同盟"独联体集体安全条约组织"，即"集安组织"。时至今日，这四个中亚国家依然处在俄罗斯影响范围之内。但不应忘记的是，早在公元纪年开始之前的武帝时代，中国与中亚之间便已有了贸易、文化联系（至19世纪，这种联系被追认为"丝绸之路"）乃至政治互动。今天，中亚四国与中国的贸易和文化往来已更上一层楼，这是因为中亚四国毗邻中国新疆，与中国开展经贸活动，天然地具有距离近、运费低等便利条件。此外，中亚四国与中国新疆和西北其他省份的少数民族在宗教信仰、语言文字和生活习俗方面相同或者相近，彼此之间沟通完全没有问题，建立起相互理解和信任也相对容易。同样需要注意的是，中亚四国经济结构不尽合理，牧业和采矿业较发达，包括食品工业在内的轻工业则较落后，而中国在这方面却有明显的优势，可以弥补它们的不足。[1] 事实上，冷战结束以后，中亚四国与中国的经贸往来越来越密切，中国人去那里经商和投资者也越来越多，四国经济与中国经济已有相当大程度的互补性，即将开建的"中吉乌"铁路即中国—吉尔吉斯斯坦—乌兹别克斯坦新铁路干线更将加强中国与四国的交通联系，提升区域整合水平。总之，中亚四国因与中国之间的地缘连续性、经济互补性以及一定程度的文化亲和性，正在越来越深地融入中国乃至东亚的经济和文化之中。

再来说说俄罗斯的远东地区。在经济上，这一地区也面临全面依赖东亚的格局。同俄罗斯总体情况一样，该地区人口在冷战结束后开始负增长，仅在1991—1999年期间，人口便减少了100多万。与此相应的是，1995年，远东地区经济增长为负1.6%。据2000年代初的估计，至2010年，俄罗斯远东人口将只相当于1991年的83%，从1991年的800.65万人下降到664.46万人。然而据俄罗斯2010年全国人口普查显示，8年间俄罗斯总人口减少了220万，下降幅度约1.5%，而与中国接壤的远东地区人口下降幅度最大，减少了6%，剩下不到630万人，比当初估计低好几十万人。[2] 1990年代，东北亚平均人口密度为每平方公里33.4人，而俄罗斯远东只有1.2人。2019年，俄罗斯远东常住人口仅约820万。相比之下，中国仅

---

[1] 叶自成（主编），《地缘政治与中国外交》，第371页。
[2] 《远东这块土地姓中国还是俄罗斯》，西陆网2011年4月21日，下载时间为2012年4月7日、2020年10月21日。

东北三省人口在 1990 年代即已达到 1.02 亿人[1]，2019 年，即使连续多年小幅下降，仍有 1.08 亿人口（国家统计局数据）。目前，俄罗斯远东人口和劳动力不足的状况已非常严重，以至于先前有关中国企图通过移民在俄远东进行"悄悄扩张"的论调，正在遭到越来越多俄罗斯学者及官方人士的批评。越来越多的俄罗斯学者和官员认为，从境外移民是解决人口和劳动力不足的根本办法；仅仅依靠俄罗斯自己的力量，很难使西伯利亚和远东这一广袤空间的经济和文化达到现代化水平。[2]

　　与中亚四国的情况相似，俄罗斯远东地区有非常丰富的森林资源和矿藏，但轻工业和食品工业却很不发达。从地理位置看，俄罗斯远东地区离工业较为发达的俄罗斯西部地区实在太远，而轻工业和食品工业发达的中国东北和韩国却近在咫尺，可源源不断地向俄罗斯远东提供优质廉价的产品，以交换其矿产和林业产品。可以说，俄罗斯远东地区与中国东北乃至韩国之间存在着一种极强的经济互补关系。准确地说，俄罗斯远东与中韩经济的互补性非常强。对此，俄罗斯方面有清醒的认识："我们的人力和财力根本无法维持我们的滨海边疆地区；只有向亚洲开放，我们才能够生存下去……实际上，是中国商品在养活被莫斯科遗忘的远东，保证它的

---

[1] 唐君度、陆南泉（主编），《俄罗斯西伯利亚与远东：国际政治经济关系的发展》，北京：世界知识出版社 2002 年，第 237 页。

[2] 参见同上书，第 238—239 页；叶夫根尼·奥布霍娃，《中国人拯救俄罗斯》，俄罗斯《独立报》2003 年 10 月 10 日，载《参考消息》2003 年 10 月 12 日第 8 版。

吃穿……从经济层面上讲，我们早就不属于欧洲。"[1]对于某些俄罗斯人中仍然存在的"中国威胁论"，俄罗斯大报《消息报》载文批驳说："用一系列数学模型计算出来的结果表明，滨海边疆区（即俄罗斯远东地区）要想得到正常发展，就必须有1 000万人居住和工作，而最近一次人口普查显示，我们这里的人口只是略高于200万。因此，远东命中注定要与中国共同发展……中小城市的生活水平持续下降，那里的人们将带来生活日用品的中国视为救星。中国人在很短的时间内，让我们有饭吃，有衣穿，而且价格公道，本地人可以承受。我们这里要是没有中国人，仅凭7 000—8 000卢布的月收入，不仅穿衣成问题，连吃饭都不够。"[2]毫无疑问，距俄西部发达地区太远，人口又严重不足，是俄罗斯远东地区经济上越来越深地融入东亚的最根本原因。

最后也不妨谈一谈澳大利亚。从种族、文化和政治倾向上看，英国的前殖民地澳大利亚无疑属于西方，但它所面临的情况与俄罗斯远东地区在很大程度上是相似的。20世纪50至60年代以前，澳大利亚的外贸对象主要是英国和其他欧洲国家。然而，它所处位置离欧洲实在太远，海上航程是到东亚国家的

---

[1] 约翰内斯·福斯温克尔，《俄罗斯远东将发展目光转向中国》，德国《时代周刊》2004年6月17日，载《参考消息》2004年6月27日第8版。
[2] 《对俄罗斯来说，"中国威胁"的现实程度有多高》，俄罗斯《消息报》2005年12月19日，载《参考消息》2005年12月21日第16版；也参见郑方圆，《人口萎缩的俄罗斯远东，中国人不是威胁》，搜狐网，下载时间为2020年6月27日。

好几倍。1967年中东战争以后，苏伊士运河经常关闭，到欧洲的澳大利亚贸易船只不得不绕道好望角，运输成本大增，产品竞争力削弱。澳大利亚不仅远离欧洲，也远离北美。澳大利亚的工业制成品本来就缺乏竞争力，随着英国加入欧共体以及后来北美自由贸易区建立，其农牧产品和矿产品进入这两个地区竟遭遇到前所未有的关税壁垒，再加上欧洲经济本来就活力不足，澳大利亚人顿时感到经济空间十分局促。相比之下，近在咫尺、人口众多的东亚，经济却欣欣向荣，蒸蒸日上。东亚各国要么已完全实现了工业化，如日本、中国、马来西亚、新加坡，要么正在以较快的速度实现工业化，如印尼、越南和缅甸等。很显然，有着40亿人口的亚洲意味着巨大的机遇。只有面向亚洲，积极参与亚洲的经济发展，才能开辟新的市场，获得成长空间。

澳大利亚经济对中国的依赖性尤其明显。"面向亚洲""融入亚洲"很自然成为澳大利亚政府的政治方针。毫不奇怪，早在1990年代中期，澳大利亚对东亚的出口已经占出口总量的60%，其十二个最大市场的半数已在亚洲。[1]据澳大利亚统计局统计，早在2011年，中澳双边贸易额已达到1 180.7亿美元，比上年增长30.9%。其中，澳大利亚对中国出口745.6亿美元，增长38.2%；自中国进口435.1亿美元，增长20.0%。澳方顺差为310.4亿美元，增长了75.6%。中国当时就已成为

---

[1] 张秋生，《澳大利亚与亚洲关系史：1940—1995》，第207页。

澳大利亚第一大贸易伙伴、第一大出口目的地，以及第一大进口来源地。[1]据澳大利亚外交贸易部数据，及至 2018—2019 年度，中澳双边贸易额已达到 2 350 亿澳元，其中货物贸易额 2 130 亿澳元，服务贸易额 220 亿澳元，中国仍然是澳大利亚头号贸易伙伴，双边贸易占澳外贸份额 26.4%。与此同时，中国赴澳大利亚访客数量高达 143 万人次，是澳大利亚最大游客来源国，在澳大利亚消费总额达到 119 亿澳元。[2]眼下，澳大利亚在经济上已几乎完全融入东亚，对东亚的出口已经占其出口总量的大约 90%，对东亚尤其是中国的依赖大大超过其对欧洲和北美的依赖。1991 年，澳大利亚对欧洲的出口只占其出口总额的 11.8%，对美国的出口只占 10.1%；及至 2017 年度，澳大利亚出口市场前十位有七个在亚洲，其中仅中国就占有近 30% 的份额（不含台湾地区和香港地区），远超第二位的日本（12%）和第三位的韩国（6.1%），而美国仅占澳出口总额的 5.6%，英国只占 3.4%。[3]

即使在教育和科研领域，澳大利亚对中国的依赖性也极强。长期以来，澳大利亚各大学高度依赖中国留学生生源以

[1] 《2011 年中澳贸易额同比增长 30.9%》，中国产业研究网，下载时间为 2012 年 4 月 7 日。
[2] 驻澳大利亚大使馆经济商务处，《中国蝉联澳大利亚最大贸易伙伴桂冠：上年双边贸易额 2 350 亿澳元》，中华人民共和国商务部网站 2020 年 6 月 17 日，下载时间为 2020 年 6 月 28 日。
[3] 此处数据来源为《澳大利亚融入亚洲的虚与实》，*Chinese Canadian Voice*，http://www.chinesecanadianvoice.ca/113339/，下载时间为 2020 年 6 月 26 日。

维系其正常运转。2019 年中国在澳大利亚留学生数量在所有国家中居第一位，达到 22.9 万人，几乎为第二位印度 12.2 万人的两倍。[1] 为了吸引中国留学生，早在 2013 年，就已有 20 所澳大利亚大学承认中国高考成绩，其中包括悉尼大学、麦考瑞大学和南澳大学。[2] 据澳大利亚研究单位和媒体发布的消息，在科研领域，澳大利亚对中国的依赖已升至第一位。据澳大利亚澳中关系研究所（Australia-China Relations Institute）公布的数据，由澳大利亚主导的科研论文中，涉及中国研究人员的数量远超其他任何国家，由 2005 年的 3.1% 上升至 2019 年的 16.2%；2019 年在澳大利亚发表的 85 351 篇论文中，至少六分之一的论文有中国科研人员参与。同样在 2019 年，澳大利亚与中国科研人员合作发表的论文增加了 13.1%，而与美国研究人员合作发表的科研论文则减少了 0.3%，其中与中国合作最紧密的领域是材料科学、化学工程和能源，中国已取代美国成为澳大利亚的主要研究伙伴。[3] 可以肯定，澳大利亚纵然在文化和政治立场上是西方国家，是美国的军事同盟，甚至可能对中国采取很不友好的国家政

---

[1]《中国在澳洲留学生人数有多少》，载留学监理网，下载时间为 2020 年 7 月 24 日。

[2]《澳大利亚 20 所大学认可国内高考成绩》，新浪教育 2013 年 7 月 8 日，下载时间为 2020 年 7 月 24 日。

[3] 杰米·史密斯，《澳大利亚利用中国的"知识繁荣"，尽管有间谍担忧》，《金融时报》网站 2020 年 7 月 21 日，参见《中国已成澳主要科研伙伴》，《参考消息》2020 年 7 月 23 日第 15 版；也参见《澳大利亚嘴上强硬，但在贸易和科研领域愈加依赖中国》，观察者网 2020 年 7 月 22 日，下载时间为 2020 年 7 月 24 日。

策，但在经济乃至其他重要方面已与东亚紧紧捆绑在一起，且对东亚的依赖性很可能进一步加深。

九、地缘共同体视域中的 10+3、RCEP 和 CPTPP

在当前情况下，东亚整合乃至东亚共同体愿景，显然并非只要一两个大国发挥好了领导作用，就能顺利推行，遑论实现。由于域外势力的深度涉入、历史积怨以及战略竞争关系等原因，中国和日本目前都不太可能发挥太大的领导作用。在这种情况下，由东盟牵头甚至发挥领导性作用，更为现实，也更为可行。事实上，早在 1990 年，马来西亚总理马哈蒂尔就提出了"东亚经济集团"设想，后来改称"东亚经济论坛"，但因美国反对，日本态度消极而未能启动。但至 1994 年，终究还是成立了东盟地区论坛（ARF）；1995 年，东盟在曼谷首脑会议上甚至正式提出了举行东盟与中、日、韩首脑会晤的设想。

1997 年，亚洲金融危机爆发，东亚深度整合的紧迫性立即凸显出来。当年年底，东盟与中、日、韩领导人非正式会晤在马来西亚吉隆坡首次举行。2002 年，10+3 领导人会议通过了建立"东亚共同体"的报告。2003 年底,日本和东盟举行特别首脑会议,在会后发表的《东京宣言》中确认了建立"东亚共同体"的长远目标。2005 年 12 月,首届东亚首脑会议开幕在即,但中日在会议共同宣言的起草上出现了分歧。中国认为,讨论建立未来东亚共同体的机制应该是 10+3 会议,而日本却认为该机制应当是包括 10+3 成员以及印度、澳大利亚和新西兰在内的东亚峰会。由于日本坚持,2005 年,东盟 + 中日韩三国的东亚峰会接纳了印度、澳大利亚和新西兰。2011年,美国和俄罗斯正式成为成员。

美国成为该峰会的正式成员,很值得关注。一直以来,美国持这一立场,即它是一个"太平洋国家",对东亚政治稳定和经济繁荣做出了贡献,任何将其排除在外的东亚区域联盟都是不适当的(美国的确做出了贡献,这不可否认,可如果完全接受这一逻辑,则中日韩、东盟十国乃至澳大利亚、新西兰等国是否也有足够的理由加入北美自由贸易区乃至美洲自由贸易区?[1])美国欲"重返亚洲"之事态再清楚不过地表明,作为一个天然的地缘单位,东亚与未来可能出现的以欧盟为中心的欧亚非共同体、以俄罗斯为中心的欧亚共同体,以及以巴西

---

[1] 美洲自由贸易区(Free Trade Area of Americas, FTAA)的设想是在 1994年美国迈阿密西半球首脑会议上提出的,目的是,于 2005 年初在西半球建立一个世界上面积最大、拥有 8 亿以上人口的自由贸易区。但由于巴西等拉美国家与美国在自贸区的问题上存在较大的分歧,谈判遇到了很大困难,几乎陷入停顿。作为替代模式,一些国家与美国展开了多边或双边自由贸易谈判。见"美洲自由贸易区"词条,百度百科,下载时间为 2012 年 4 月 10 日。

为中心的南美共同体相比，明显不同。因外部政治势力已深深卷入本区域，对其整合进程产生了未必积极的影响。因日本与美国签有安全条约（目前如此，但国际关系中没有永久的朋友），将美国拉进峰会除了有国内政治的考虑，也有牵制中国的意思。

然而很明显，东亚峰会覆盖的区域实在太广，主要成员国经济规模实在太大，囊括了目前国内生产总值占世界前三位的美国、中国和日本，在经济上很难发挥整合作用，甚至反而对东亚整合产生迟滞作用。当然，作为一种跨区域的合作尝试，东亚峰会在某种程度上的确体现了区域内乃至跨区域整合的大趋势，但眼下谈论这样一个"大东亚"，恐怕为时过早。包括美国、印度和俄罗斯在内的"大东亚"相关国家最多仍处在相互试探的阶段。在可见的将来，一种过于庞杂的跨洋、跨洲、跨文明的安排会有何结果，应不难预料。

比如，亚太经合组织（APEC）在经济合作和其他方面之所以作用不大，很大程度是因为它太过庞杂，囊括了所有环太平洋国家：除了东亚各国和俄罗斯、澳大利亚、新西兰以外，还有美国、加拿大、墨西哥、智利以及其他中美和南美国家。将如此众多的经济体纳入这样一个巨无霸（即使只是一个过于务虚的论坛），要它产生真正的经济和政治合作效应，实在是强人所难。一个与此类似的"大东亚"难道就不会重演 APEC 的闹剧，重蹈其覆辙？试想，如果美国、印度都能加入这样一个"大东亚"，又有何理由拒绝非太平洋沿岸美洲国家即巴西、阿根廷、智利等国加入？有何理由拒绝印度之外的其他南亚国家如孟加拉国、斯里兰卡等加入？有何理由拒绝中亚诸国如哈萨克斯坦、吉尔吉斯斯坦和乌兹别克斯坦等加入？如此这般，这个利维坦还能有什么真正的作为！还能达成什么能够切实推动跨太平洋和印度洋整合的经济协定！

从中国的角度看，局势也许并非像看上去那么悲观。召开东亚峰会的初衷，当然是为了探讨在整个东亚范围内进行全面合作，甚至建立一个"东亚共同体"的可能性，但因东亚以外国家的进入，这个本应属于地缘东亚的共同体必将名不副实。应当承认，任何形式的区域合作都既有排他的一面，也有开放的一面；在某种意义上，域外国家的进入可更好地体现东亚合作的开放性。问题是，这么做必然会冲淡地缘一体性、文化亲和性将带来的切实的区域合作的前景。既然各相关方从中得不到任何实质性利益，东亚峰会的价值将非常有限。事实上，东亚峰会只是多个多边论坛中的一个，是一个十足的务虚会。

恰成对照的是，东盟与中日韩领导人会议即"10+3"框架内的会议一年已有很多个，已形经成了一个以领导人会议为核心，以部长级会议、高官会和70多个工作层机制为支撑，实质性内容颇丰的合作机制。中日韩三国在10+3机制中发挥着主导性作用（中日韩按顺序轮流担任主席国），在外交、经贸、金融、科技、信息通信、人力资源、环保、运输及物流、教育和文化等领域已建立了21个部长级会议机制，负责相关政策规划和协调。[1] 很明显，是已具有诸多实质性内容的 10+3 而非其他什么机制，才能真正代表东亚整合进程的方向和内涵，而拟议中的东亚共同体无论最终有何名称，其实质性内涵都应是 10+3 框架内的东亚整合及一体化。一定程度上或许因东亚峰会太过务虚，在搭建更具实质性内容的跨区域合作组织方面，美国和印度终究觉得它们与东亚各国的经济利益相关性有限，分别退出了原本计划加入的 TPP（Trans-Pacific Partnership Agreement，即 "跨太平洋伙伴协议"）和 RCEP（Regional Comprehensive Economic Partnership，即 "区域全面经济伙伴关系"）。2017 年 1 月 23 日，特朗普上任后 3 天，便签署了行政令，正式宣布美国退出 TPP。印度也因其制成品与中国和一些东南亚国家差距太太，于 2020 年 7 月在相关谈判进行中退出了 RCEP。

但是，美国退群并不等于 TPP 合作计划彻底散伙。2017 年 11 月，日本和越南宣布，除美国外原计划加入 TPP 的 11 国（即日本、加拿大、澳大利亚、智利、新西兰、新加坡、文莱、马来西亚、越南、墨西哥和秘鲁）就继续推进 TPP 达成一致，将签署新的自由贸易协定，新名称为 CPTPP（Comprehensive and Progressive Agreement for Trans-Pacific Partnership，即 "全面与进步跨太平洋伙伴关系协定"）。2018 年 12 月 30 日，"全面与进步跨太平洋伙伴关系协定" 正式生效。对于这个现

---

[1]《东盟与中日韩领导人会议（10+3）》，发布者为中华人民共和国外交部，环球网 2018 年 11 月 13 日，下载时间为 2020 年 7 月 1 日。

在由日本主导的跨区域合作机制，中方是持积极开放态度的。

　　既然区域合作将给相关各国乃至世界都带来巨大好处，东亚各国为什么一直以来都努力推进区域经济合作，便不难理解了。实际上，早在2004年，日本对华进出口贸易总额就已达到2 150亿美元，超过了日本对美贸易总额；当年，日本从中国进口总额已达到990亿美元，中国取代美国，首次成为日本最大的贸易伙伴[1]；2010年，中日双边贸易迈上了新台阶，总值达到2 978亿美元；2011年，中日贸易总值大幅增长14.3%，达到了3 449亿美元[2]；自此之后，一直到2019年，两国贸易总额大体上保持在2 900亿至3 293亿美元之间[3]。中日经济已如此紧密地捆绑在一起，以至于当日本股市大幅下挫时，有论者指出，一个重要原因是"市场再度对中国经济'硬着陆'感到担心，或者发生任何严重影响中国经济增长前景的事件……日中经济一体化不可避免，这对日本市场的投资者来说完全是利好消息，等着市场反弹吧"[4]。与此同时，日本已经接受人民币代替美元，成为双边贸易结算货币。事实上，早在2011年12月，"中日双方便同意在双边贸易中逐步取消美元，转而使用人民币和日元。更重要的是，日本还决定购买人民币债券。

[1]《美中贸易摩擦对日本造成负面影响》，日本《富士产经商报》2005年1月30日，载《参考消息》2005年2月1日第4版。
[2]《日方统计：2011年中日贸易额再创历史新高》，凤凰网资讯2012年2月17日，下载时间为2012年3月12日。
[3] 同上。
[4] 斯蒂芬·哈纳，《中国的消费者将拯救日本》，《福布斯》双周刊网站，载《参考消息》2012年4月6日第15版。

这两项在 2011 年年底做出的决定，将加快包括世界第二和第三大经济体以及韩国在内的亚洲自由贸易区的形成"[1]。（所引论者继续写道："中国也与俄罗斯和白俄罗斯签署了类似协议，现在澳大利亚也加入其中。澳大利亚和日本一直被认为是美国的势力范围。"[2]）

同样，中国与东盟的合作进程也如火如荼。目前，中国——东盟自由贸易区已全面建成，区域内资金流动、物资流动和人员流动达到前所未有的水平。2010 年 1—9 月，双方贸易额达2 113 亿美元，同比增长 44%，其中从东盟进口 1 118 亿美元，增长 51%；中国对东盟贸易逆差扩大至 123 亿美元，成为东盟第一大贸易伙伴。据中国海关数据，2019 年，中国与东盟贸易额达到 6 415 亿美元，东盟超过美国成为中国第二大贸易伙伴。[3]而据 2020 年的统计，2020 年 1—6 月，东盟对中国贸易额已达到 2 978 亿美元，成为超过欧盟、美国的中国第一大贸易伙伴。[4]至 2022 年 5 月，中国已连续 12 年超过美国，成为东盟的最大贸易伙伴。

中国与东盟不仅经贸合作蒸蒸日上，双方在其他方面的合作也早已遍及各个领域，如在政治互信、可持续发展和人文社

［1］ 劳尔·西韦奇（乌拉圭国际问题专家），《金砖国家与另一面墙的倒塌》，西班牙《起义报》，载《参考消息》2012 年 4 月 10 日第 10 版。
［2］ 同上。
［3］ 《从 2019 年中国与东盟贸易分析看东盟贸易圈》，搜狐网 2020 年 4 月 21日，下载时间为 2020 年 6 月 30 日。
［4］ 《上半年东盟成为中国最大贸易伙伴》，《日本经济新闻》2020 年 7 月 15日，载《参考消息》2020 年 7 月 16 日第 14 版。

会领域交流等方面，中国与东盟关系已提升到一个较高的水平。中国的立场一直以来都是：始终坚定不移地支持并积极参与东盟共同体建设和一体化进程。事实上，在国际金融危机最严峻的时刻，中国向老挝、柬埔寨和缅甸三个欠发达国家提供了总额为 2.7 亿元人民币的特别援助，后来又通过大力推进大湄公河区、东盟东部增长区等次区域合作，帮助东盟国家之间缩小发展差距。2013 年提出"一带一路"倡议后，中国又在 2014 年年底郑重承诺，将向柬埔寨、越南、缅甸、泰国和老挝等国提供超过 30 亿美元的贷款及援助，帮助它们提升基础设施和生产水平，消除贫困。[1]

在可见的未来，中国还将继续通过提供无偿援助、低息或无息商业贷款、对华出口关税优惠、人员培训，以及给来华留学生以资助等方式，帮助东盟欠发达国家发展，尤其是增加对区域内欠发达国家的投资和支持力度。[2]但东亚区域整合不仅仅体现为中国与东盟富有成效的合作。从长远看，东盟与中日韩即 10+3 框架内的区域合作将更具成效，或将更能代表区域合作的方向和内涵。在初始阶段，10+3 框架内的区域合作可集中在宏观经济风险管理、资本流通的地区监管、银行和金融体系的强化、国际金融体系的改革等领域，

---

[1]《中国将向东南亚邻国提供 30 亿美元援助和贷款》，新浪·新闻中心 2007 年 1 月 29 日，下载时间为 2020 年 6 月 30 日。
[2]《中国明年将无偿援助东盟欠发达国家 30 亿元》，新浪财经 2014 年 12 月 20 日，下载时间为 2020 年 4 月 9 日。

但将逐步扩大合作范围。东盟与中日韩已达成多个双多边自贸协议，已启动了东亚自贸区研究，而 10+3 区域外汇储备机制更是已经建成。早在 2000 年，刚刚经历了亚洲金融危机的十个东盟成员国和中日韩财长便在泰国清迈签署了建立区域性货币互换机制的协议。此即《清迈协议》，其目的是强化本区域防范风险能力，解决区域内国际收支和短期流动性困难等问题。

2008 年 5 月，有关国家财长决定，区域外汇储备库起始规模为 800 亿美元；其中，中日韩与东盟出资比例为 80% 和 20%；翌年 2 月决定加快《清迈协议》多边化进程，将区域外汇储备库规模扩大至 1 200 亿美元。据《清迈协议》，十三个相关国家分别向"共同外汇储备基金"投入一定金额的资金，当某个国家面临外汇资金短缺困难时，其他国家可帮助其缓解危机；而《清迈协议》的最终目的，是建立一个亚洲版的国际货币基金组织，即亚洲货币基金组织（AMF）。[1] 在《清迈协议》框架下，十三个相关国家已经签订多个货币互换双边协议，所涉外汇储备数额巨大。2018 年是货币互换协议丰收年，中国央行与新加坡金融管理局续签了双边本币互换协议，协议规模为 3 000 亿元人民币 /610 亿新加坡元；与马来西亚国家银行续签了规模为 1 800 亿元人民币 /1 100 亿林吉特的双边本币互换协议；与日

---

[1] 参见范雅坤，《金融危机后东亚双边货币互换问题探究》，载《商业时代》（现《商业经济研究》）2012 年第 23 期，也参见"清迈协议"词条百度百科，下载时间为 2020 年 7 月 30 日。

本银行签署了规模为 2 000 亿元人民币 /34 000 亿日元的中日双边本币互换协议；与印度尼西亚银行续签了双边本币互换协议，协议规模为 2 000 亿元人民币 /440 万亿印尼卢比。[1]

同样鼓舞人心的是，2012 年 1 月 31 日，10+3 宏观经济研究办公室即 AMRO 在新加坡举行了揭幕仪式，正式以有限责任公司的形式运行，对区域内经济进行监测，支持《清迈协议》多边化（CMIM）的运作。中国和日本并列为 AMRO 第一大出资方，各占 32% 份额，韩国为 16%，东盟整体为 20%。2013 年，10+3 财长和央行行长一致同意，将 AMRO 升级为一个国际组织，并启动《AMRO 国际组织协议》相关工作。2016 年 2 月 19 日上午，东盟与中日韩（10+3）宏观经济研究办公室（AMRO）国际组织揭牌仪式在新加坡举行。

事实上，在区域合作方面 10+3 机制卓有成效，已演变为一套全面和完善的合作机制，不可能被任何其他机制所取代。东亚峰会太过务虚，而 CPTPP 和 RCEP 这两个跨区域协定因专注于贸易，更可能与其形成一种相辅相成的关系。从哪方面看，拟议中的东亚共同体建设都应该以 10+3 为主要依托和渠道。[2] 不仅中国方面认为 10+3 应该是区域整合的主要渠道，其他国家领导人也有同样的看法，即 10+3 之外的其他机制与

[1] 《人民币国际化程度再提高》，搜狐网 2019 年 5 月 15 日，下载时间为 2020 年 7 月 23 日。
[2] 陆建人，《东亚峰会，中国地位难撼动》，《参考消息》2005 年 12 月 15 日第 14 版。

它是相互补充、互不重叠的。[1]可以说，10+3 已是拟议中的东亚共同体建设的一个最具实质意义、最重要的平台，而其近期目标是在既有框架下建成酝酿已久的东亚自由贸易区。[2]既然相互间厮杀了七八百年甚至打了两场"大战"的欧洲国家也能建立起一个欧洲联盟，没有理由认为历史上绝大部分时间和平相处的东亚各国不能在未来某个时候建立起一个东亚共同体。

回头看，对东亚经济整合乃至世界经济发展而言，"区域全面经济伙伴关系"即 RCEP 具有非同寻常的重大意义。RCEP 是一个通过削减关税及非关税壁垒、方便生产和销售各签约国产品、建立统一市场的自由贸易协定，简单说来，是一种成员国之间相互开放市场、实施区域经济一体化的合作机制。"区域全面经济伙伴关系"是在包括 10+3 等在内的种种合作机制运行已久的大背景下，由东盟十国发起，邀请中国、日本、韩国和澳大利亚、新西兰、印度参加（此为"10+6"，印度于 2020 年 7 月退群后为"10+5"）的一个跨区域经济合作机制。与 TPP 不同的是，RCEP 不要求成员国进行经济自由化改革，开放各自的金融等行业。东盟之所以力推 RCEP，当然是要借此巩固和扩大其在区域合作中的主导作用。无论其动机为何，这必将促进东盟的整体发展、稳定乃至国际地位的提

---

[1] 吴绮敏等，《东亚峰会，日美想法最多》，《环球时报》2005 年 12 月 16 日第 2 版。
[2] 陆建人，《东亚峰会，中国地位难撼动》，《参考消息》2005 年 12 月 15 日第 14 版。

升。2020 年 11 月 15 日，RCEP 正式签署，成为全球最大的自由贸易区，总人口约为 22 亿，GDP 总量将超过 20 万亿美元，占全球 GDP 约 30%、全球贸易额约 25%，而中国在其中所占人口和经济总量都在 50% 以上。

尽管 RCEP 获得各国批准尚需时日，而关税条约生效需要更多时间，但它无疑将给各国带来可观的经济利益。而据西方媒体分析，RCEP 尤其给中国带来了外交红利，对中国的形象而言，"具有金子般的重要意义"，使之得以再次彰显其作为多边秩序爱好者和促进者的地位。[1] 更值得注意的是，RCEP 将进一步巩固世界经济重心向太平洋区域的转移，意味着美国在东亚的影响力将进一步减弱，逐渐让位于中国的力量。甚至有论者如是说："RCEP 让中国获得了一次辉煌的历史性胜利，中国凭借自己的分量占据区域核心地位并争取到了西方盟友，无论是日本、韩国这些从 1945 年开始成为西方盟友的国家，还是澳大利亚和新西兰这样有史以来一直是西方盟友的国家……从中国来看，这份 RCEP 从逻辑上反映了西方的崩溃。"[2] 另有论者认为，日本和澳大利亚等美国盟友的加入表明，美国经济霸权和贸易保护主义正在日益失去支

---

[1] 安娜·绍尔布赖，《亚洲自由贸易协定对欧洲和美国意味着什么》，德国《每日镜报》网站 2020 年 11 月 16 日，载《参考消息》2020 年 11 月 18 日第 14 版。

[2] 埃里克·勒布歇，《去全球化? 非也，是再全球化》，法国《回声报》网站 2020 年 12 月 4 日，载《参考消息》2020 年 12 月 9 日第 10 版。

持者，甚至在其传统伙伴中也如此。[1]同样要注意的是，中日韩三国在 RCEP 框架内达成了有关协定，这必将促使三国间的自由贸易协议谈判加快步伐。由于三国都是制造业大国和技术大国，RCEP 对于全球经贸的影响可想而知。亚洲或许将以此为起点，逐步成为一个欧洲和北美式的轮廓清晰的自由贸易区。[2]

由于最终将降低区域内贸易成本，签署立足于本区域的合作规则、服务于本区域、务实而非务虚的 RCEP 协议，必将为东亚乃至沿太平洋各国带来实实在在的经济利益。CPTPP 将发挥相同的作用。2018 年，特朗普政府发动了贸易战，掀起了一轮又一轮中美贸易争端，给中美双方乃至全世界造成了很大损失，其中对中国造成的损失最大。但，据彼得森国际经济研究所的报告，中国从 RCEP 和 CPTPP 新协议中将要获得的经济和战略利益也最多。据另一项研究，中美贸易战不仅会损害中美双方利益，至 2030 年更会使全球经济总量减少 3 010 亿美元，世界贸易每年减少 1 万亿美元。作为对冲，中国将通过加强与日韩的贸易来取代美国贸易的大部分，而 RCEP 和 CPTPP 协议将使整个东亚乃至世界受益，其中中国受益最大。据日本媒体观察，CPTPP 将在其太

[1] 卢卡斯·德拉卡尔，《代表"亚洲世纪"曙光的全球最大协议 RCEP 这样运作》，西班牙《世界报》网站 2020 年 11 月 24 日，载《参考消息》2020 年 11 月 26 日第 14 版。
[2] 罗宾·哈丁，《RCEP 泛亚贸易协定面面观》，《金融时报》网站 2020 年 11 月 15 日，载《参考消息》2020 年 11 月 17 日第 4 版。

平洋沿岸的 11 个成员国之间建立更紧密的联系；RCEP 将把中国、日本和韩国以及东亚的小经济休连接起来；CPTPP 和 RCEP 将共同抵消（中美）贸易战对中国、美国乃至整个世界所产生的负面影响；中国加入 CPTPP 将使全球实际收入增加 4 550 亿美元，其中，中国自己将获得 2 980 亿美元。[1] 而据澳大利亚媒体，这两个协定（CPTPP 和 RCEP）将降低交易成本，并加强东亚在技术、制造业、农业和自然资源方面的合作。协定还将深化中国、日本和韩国的联系，它们分别是对方的最大贸易伙伴。CPTPP 和 RCEP 签署后，东亚将成为中国经济影响力的天然势力范围，产生利益倾斜。中国将从 RCEP 中受益最大……中国加入 CPTPP 将为世界增加 4 850 亿美元的实际收入。如果印度尼西亚、韩国、菲律宾、泰国等国家和地区也加入进来，增幅将超过 1 亿美元，可抵消 3 倍美中贸易战损失。[2] 这里，媒体的预测似乎太乐观了，更何况 RCEP 协议的落实将是一个漫长的过程，但无论最终能否产生媒体所说的这种巨大效益，RCEP 将大大深化东亚的经济整合程度是毋庸置疑的。

---

[1] 彼得·彼得里（美国布兰代斯大学教授）、迈克尔·普卢默（美国约翰斯-霍普金斯大学教授），《北京能通过亚太合作来缓解中美贸易战吗?》，《南华早报》网站 2020 年 6 月 29 日，参见《专家认为中国加强区域合作应对贸易战》，《参考消息》2020 年 6 月 30 日第 14 版。
[2] 彼得·彼得里、迈克尔·普卢默，《中国登上经济领导地位的机会》，澳大利亚《东亚论坛》网站 2020 年 8 月 12 日，载《参考消息》2020 年 8 月 13 日第 14 版。

十、一衣带水的中国日本

中日两国一衣带水，毗邻而处。这种毗邻关系本身是一种先天性的空间安排。这种空间安排既然是先天性的，便是不可更改、不可复制、不可取消、不可逃避的。在这种空间格局中，中日之间早在先秦时代便开始了技术、文化、宗教和经济交流。这种交流越到后来越密切，至唐朝，日本大规模派遣留学生来中国学习；在其他朝代如宋、明、清，日本仍系统性地从中国引入先进的技术、理念。及至晚清，日本因种种原因，改革开放搞得明显比中国好[1]，国力大增，一举在甲午战争中打败了中国，从此一直以来日本学习中国的局面被彻底扭转，变成中国学习日本。总之，自古以来，中日之间便因空间格局的缘故而有着密切的技术、文化、政治乃至军事互动关系。也正是在这种空间格局中，当今时代中日经济不仅已然存在着很大程度的互依性，更存在着一种继续深化经济合作的势能。所以无论历史上发生过什么事，从中日两国根本利益着眼，理性的中国人和日本人所应当做的事，只能是最大限度地利用毗邻关系和地缘一体性中所蕴含的积

---

[1] 关于日本为何能迅速实现现代化，参见"文明研究"系列之《文明的表现》第六章"迟到而表现优异的日本人"的相关讨论。

极因素，最大限度地克服历史遗留下来的消极因素。唯其如此，中日两国方能有美好的未来，东亚方能有美好的未来。也唯其如此，东亚方能真正"崛起"。

众所周知，当华夏世界的人类已享有高度文明时，日本列岛的人类仍然处在蒙昧阶段。可是，日本列岛恰恰毗邻中国。正因此缘故，那里的原始部落能便利地学习和吸纳先进的中国文明，"跨越式"进入较高的社会发展阶段。此后至19世纪末，日本一直借着中日的毗邻关系方便地吸纳和利用先进的文明成果。另一方面，从甲午战争结束至1970年代末，当沉睡的中国开始"变法"即"改革开放"时，它发现隔壁的日本已然实现了现代化（虽然不同时期有不同水平的现代化），拥有大量的资金、先进的技术和先进的管理理念，是中国学习和赶超的对象。由于中日两国以毗邻关系属于同一个地缘经济区域，享有同一种或非常相近的文化，这时中国发现，它能借助这种地利，便捷地引进在日本已经被消化了一遍的现代理念，更能方便地引进日本的资金、技术和管理文化，以促进自己的现代化运动，迅速提高自己的工业化水平，从而迅速增强自己的综合国力。相比之下，同时期的印度便缺乏像日本那样的经济强国作为自己的邻居。这不能不说是印度现代化运动相对滞后的重要原因之一。

不难看出，东亚的进一步整合，组织性的而非论坛性的东亚共同体能否诞生（当然，也不排除形成一个包括南亚诸国甚至美国在内的"印太联盟"的可能性，但目前可能性不大，甚至有害无益）；如果能诞生，在可见的将来能否向更具实质意义的机构化方向推进——具体说来，共同体的中央管理机构能否建立；若能建立起来，应采用何种运作机制才能获得足够多的实质内涵和足够高的效率，而如果没有足够多的实质内涵和足够高的效率，整个机构便会失去意义——诸如此类的问题，关键都在中国和日本能否处理好彼此关系。

先看看不利因素。日本侵华期间对中国人民犯有极为深重的罪行，但由于日本右派（极右派尤其如此）以"亚洲解放者"（即把亚洲从西方殖民主义、帝国主义的枷锁下解放出来）自居，毫无反省认罪之意，更由于美国战后占领日本期间为了牵制苏联，蓄意不深究日本的战争责任，因此在"二战"或者是东亚战争结束以后相当长一段时间里，日本人对战争责任采取了暧昧的态度，或者说一直未能进行德国式的深刻反省。[1]不仅如此，日本还出现过篡改历史教科书风波，右派当政时更屡屡发生日本首相参拜靖国神社的事件（尽管2006年小泉纯一郎下台后，日本首相参拜靖国神社之事没有再发生，至少不再公开参拜）。中日龃龉的另一个结构性原

---

[1] 在1972年中日邦交正常化的联合声明中，日本方面关于战争责任的表述是较含糊的："日本方面痛感日本国过去由于战争给中国人民造成的重大损害的责任，表示深刻的反省"；1972至2000年二十八年间，日本首相换了近二十人，但只有三四位公开承认过"侵略"或"侵略行为"。（杨绍先，《中日韩关系与"东北亚经济合作体"》，载宋成友、汤重南（主编），《东亚区域意识与和平发展》，成都：四川大学出版社2001年，第424页）

因，是 1951 年签订的日美安保条约。2005 年美日两国将这种准军事同盟关系的涵盖范围扩大到台湾地区，这意味着中国的核心利益受到了威胁。2020 年 7 月以来，美国以航行自由为由，公开反对中国的南海主张，日本在日美安保条约的裹挟下，已前后多次参与美日南海联合军演，更不用说积极鼓吹美、日、印、澳四方合作、牵制中国的"印太战略"。除此之外，中日之间在钓鱼岛、东海油气田开发等问题上还存在领土主权争议。

再看看有利因素。中国文明对日本的影响至为深远，这一点无需赘言。[1] 由于日本与中国（以及东南亚国家）同属于东亚这一天然的地缘单位，两千年来日本与中国（以及东南亚国家）的经济和文化整合一直无中断地进行着。16 世纪后，经济文化整合的速度加快，20 世纪最后三十年更获得了前所未有的加速。中日关系上的一个无可否认的事实是，没有历史上中国文化和经济对日本的长期启蒙和带动作用，日本绝不可能

---

[1] 日本课本中至今仍然保留着大量中国文化内容："日本古典文学课本中涉及很多中国古代典籍。如大修馆出版社的古典教材中有中国的《史记》，古文书院出版社的古文教材中收入了汉诗《春晓》《黄鹤楼》《春望》等 11 首。此外，还有 21 个成语故事和民间传说，像守株待兔、画龙点睛、狐假虎威、韩非子的'矛盾'、孟子的'五十步笑百步'等。《刻舟求剑》《桃花源记》等也都被写入了日本的高中教材……有日本专家认为，'汉文既是古代中国语也是日本语'。所以自小学开始，日本人首先要学习和书写汉字。日本人把元旦这一天书写汉字条幅的习惯称为'初书'。年轻人最常写的初书是'独立自尊'，老年人喜欢写'招福以德'等。汉字'初书'也是日本学校教育非常重要的一个环节。很多学校的小学生从入学起，几乎每到新年都要写一副'初书'，以表达对新一年的希望。"（参见孙秀萍、刘复晨，《韩日课本有不少中国内容》，《环球时报》2005 年 11 月 30 日第 22 版）

149

在明治维新后以如此惊人的速度实现现代化。同样不可否认的是，没有 20 世纪在东亚率先实现现代化的日本在经济、技术、资金、管理理念方面的带动作用，1980 年代以后改革开放的中国绝不可能如此迅速地实现经济飞跃，如此迅速地提高综合国力。没有这种带头作用，中国"崛起"的道路肯定会更加漫长。在较小程度上，明治维新以降日本文化对中国文化也产生了类似于经济、技术和管理方面的影响。

尽管日本军国主义分子于 1931 年发动了"九一八"事变，1937 日本方面更发动了全面侵华战争，但是"不少日本人坚决反对军国主义发动的侵华战争，有的参加反战同盟，同中国人民一道进行反法西斯战争，为中华民族的解放流血牺牲。更多人对中国的民族民主革命给予了深切的同情和支持，与中国人民结下了深厚的友谊，例如孙中山与宫崎寅藏、李汉俊与河上肇、鲁迅与藤野，就是中日两国人民友好相处的典范"[1]，虽非主流但亦大有深意。中日两国著名政治家和文学家之间结下深厚友谊仅仅是源远流长、规模宏大的中日交流的一个方面。

中日间的正常交往在冷战期间虽一度中断，但自从 1972 年中日邦交正常化以后，两国之间人员互访从 1970 年代初的每年 9 000 人次猛增到 2003 年的 350 万人次。[2] 2012 年，每

---

[1] 刘宏煊（主编），《中国睦邻史》，第 29—70 页。
[2] 郭定平，《中日：强强竞合的选择》，《环球时报》2005 年 3 月 16 日第 16 版。

天就有"近百个航班1万8千人往返于中日两国之间"[1]。至2018年,仅中国访问日本的旅游者便已达到800万人次[2],加上商务、政务和学术访问者以及较长时间旅日工作或学习的中国人,旅日中国人应不下900万人次。

其次,在欧盟经济一体化已达到极高程度,北美自由贸易区已正式运作的情况下,日本成为现发达国家中唯一的一个没有经济集团依托的国家,因而最近二三十年来一直在努力加强与中国和其他东亚国家的合作,以提高经济竞争力。早在1980、1990年代,东亚在日本进口中所占比重即为20.8%,美国为16.5%。1993年,同一指标为31.8%和22.9%;1996年则为37.4%和22.7%。同一时期,中国和东南亚国家对日本的出口迅猛增长,在日本市场上所占份额越来越重。[3]亚洲金融危机爆发后,日本更为深切地意识到与东亚各国唇齿相依、荣辱与共的关系,努力与东亚各国发展更紧密的经济联系。至2016年,东盟对华出口已达1 430亿美元,比对美国出口高出9%;而2017年前11个月,日本对华出口为13.384 2万亿日元,超过2014年创下的历史最高值,创下最新纪录。事实上,从2015年起,中国对日本的经济效应就已经超越美国。

---

[1] 唐家璇,《钓鱼岛争端分析:日本一些人捞取政治》,中国网2012年8月12日,下载时间为2021年2月28日。

[2] 《2018年中国游客赴日旅游报告》,搜狐网,下载时间为2020年6月26日。

[3] 此处数据出自梁云祥、应霄燕,《后冷战时代的日本政治、经济与外交》,北京:北京大学出版社2000年,第146页。

也是从 2015 年起，中国需求每扩大 1%，对日本便产生 28 亿美元的经济效应，超过了美国的 27 亿美元。及至 2030 年，中国需求每增 1%，给日本带来的经济效应就将是 46 亿美元；而给东盟五国（印度尼西亚、马来西亚、菲律宾和泰国、越南）带来的经济效应，也将是 33 亿美元，比 2015 年增加了一倍，大大超过美国的 19 亿美元。日本经济中心主任研究员田原健吾（Kengo Tahara）根据有关数据预测称，及至 2030 年，中国给日本和东南亚各国带来的经济效益将为 2015 年的 1.8 倍，比美国给日本和东南亚各国带来的经济效应高出 40%。[1] 可以说，日本与中国、东南亚经济目前已融为一个不可分割的整体。实质意义上的东亚经济共同体已然存在，今后东亚各国所要努力做的，就是使它机构化，使它具实质性、官方性，同时赋予它一个正式名分。

这种格局不仅是由东亚各国地缘一体性决定的，也是由经济全球化和区域集团化的世界大趋势决定的。至 2003 年，日本连续 11 年成为中国的最大贸易伙伴，而中国则连续 8 年成为日本的第二大贸易伙伴。[2] 1996 年，日本对华进出口总额仅次于美国，占日本进出口总额的 8.2%[3]；及至 2002 年底，日本对华直接投资已达到 363.4 亿美元，占中国利用外资总额

［１］ 2030 年中国对日本和东南亚的经济影响力将超美国》，上观网 2018 年 1 月 8 日，下载时间为 2021 年 7 月 3 日。
［２］ 郭定平，《中日：强强竞合的选择》。
［３］ 唐师白，《当代世界经济与政治》，上海：复旦大学出版社 1999 年，第 153 页。

的 8.11%，使日本成为中国最大的外来投资者；同样在 2002
年，中国产品首次成为日本进口产品中占比最大者，占日本进
口总额的 18.3%，超过美国产品。[1] 至 2004 年底，日本与中国
（包括香港地区）的进出口贸易总额达到 2 150 亿美元，首次
超过日本对美国的贸易总额（约为 1 988 亿美元）；日本从中
国的进口总额也达到约 990 亿美元，中国取代美国，首次成为
日本最大的贸易伙伴。[2] 至 2010 年，中日双边贸易总值已达
2 978 亿美元，之后一直到 2019 年，大体保持在每年约 2 900
亿至 3 293 亿美元之间。[3] 中日经济融合程度之高，以下事实
是一个绝佳的写照：尽管 2020 年 2 月新冠疫情爆发以后，发
达国家普遍意识到制造业基地主要设在海外非常不利于应对危
机，故日本政府出资 2 000 亿日元补贴日本企业将在中国的生
产基地搬迁至东南亚，但因搬迁难度太大，也因东南亚国家生
产能力不足，绝大多数日本在华企业并未制订改变供应链或生
产基地的计划；如有改变，倒是更加注重完善其产业供应链以
提升在华企业的抗风险能力了。[4]

　　不仅中日经济融合这一事实非常值得关注，日本在其他方

———————

[1] 马萨比·凯利赫，《经济考虑优于反日情绪》，香港《亚洲时报在线》
　　2004 年 2 月 13 日，载《参考消息》2004 年 2 月 26 日第 16 版。
[2] 《美中贸易摩擦对日本造成负面影响》，日本《富士产经商报》2005 年 1
　　月 30 日，载《参考消息》2005 年 2 月 1 日第 4 版。
[3] 《日方统计：2011 年中日贸易额再创历史新高》，新浪财经网 2012 年 2
　　月 7 日，下载时间为 2020 年 7 月 30 日。
[4] 参见《在华日企将因疫情迁走？日本商界人士：中国市场重要性没变》，
　　澎湃网新闻 2020 年 5 月 19 日发布，下载时间为 2021 年 3 月 30 日。

面的表现也很值得注意。仅在 1979 至 2000 年间，作为一种"有特殊历史和政治背景的合作性资金安排"，日本向中国提供了总计 25 849 亿日元的低息长期贷款，日本输出入银行向中国提供了 17 000 亿日元的能源开发贷款。中日两国政府、学者乃至一般人都应当知道，所谓"合作性资金安排"带有战争赔款的意思。用这种让双方都不太尴尬的特殊方式，日方算是还了一些"良心债"。

更重要的是，1979 年以后，在很长一段时间里，日本一直是对华政府开发援助的最大提供国。1981 年至 1997 年，日本无偿援华金额约为 1 010 万日元，在接受这种开发援助的国家中，中国始终居第一二位。[1] 日本对华援助形式多样，包括日元贷款、无偿援助、技术援助等。其中最广为人知的是对华 ODA（Official Development Assistance，即官方开发援助）援助。据统计，1970 年代末以来，日本对华援助总额为 3.65 万亿日元，折合成人民币约为 2 551 亿元。日本援华项目均为规模大、周期长、技术要求高且施工难度大的基础项目，遍布中国所有省份。这些援助中，虽然只有少部分是无偿的，且日本也有利益回报，但仍远高于其他发达国家对华援助规模。据

---

[1] 杨绍先，《中日韩关系与"东北亚经济合作体"》，载宋成友、汤重南（主编），《东亚区域意识与和平发展》，成都：四川大学出版社 2001 年，第 425—426 页；也参见徐静波、胡令远（编），《战后日本的主要社会思潮与中日关系》，上海：上海财经大学出版社 2003 年，第 99—100页；石华，《日本援华的来龙去脉》，《环球时报》2004 年 12 月 22 日第 14 版。

相关统计，截至 2005 年底，日本对华无偿援助额相当于 1993 年至 2005 年期间欧盟国家对华无偿援助承诺额的两倍多。[1] 今天看来，2 551 亿元人民币似乎不算什么，但考虑到当时物价水平低得多，也考虑到当时我国外汇稀缺，这不是一个小数目。另外，至 2003 年，日本国际协力机构还为中方培训了 15 000 名以上的管理人员，日本海外技术者研修协会则培训了超过 22 000 名中国人。[2]

[1] 正解局，《日本为什么援助中国？ NHK 最新纪录片揭开真相》，新浪网 2019 年 2 月 22 日，下载时间为 2022 年 6 月 17 日。按：NHK 在国际上知名度很高，在中国也有很大的影响力，在日本引发争议的《731 部队的真相：精英医学研究者和人体实验》，就是 NHK 制作的；此外，NHK 还拍摄了大量中国主题的高质量纪录片，如《中华文明 5 000 年》《故宫》《丝绸之路》《海上丝路》等。
[2] 同上。

下 编
从地缘共同体到人类命运共同体

本书在"绪言"中已指出，探讨乃至建设东亚共同体不仅仅是为了东亚本身，而且是为了一个更大的目标，即建设人类命运共同体。人类的进化遵循了一条从简单到复杂的路线：原初微生物（此前是无机物到有机物、再到有机大分子的进化）→ 原生动物 → 腔肠动物 → 脊索动物 → 脊椎动物 → 爬行动物 → 两栖动物 → 哺乳动物 → 灵长类动物 → 人科动物 → 智人，即人科人属，即通常所谓人类。在这一漫长而宏大的过程中，地球生命形态中的潜在可能性不断得到释放。每一种新生命形式的出现，都意味着地球生命精神得到了新的提升或更高层次的呈现。文明的演进遵循着一种可比性很强的模式：家族 → 部族 → 文明（按：文明演进过程本身也体现为家族或氏族部落 → 部族联盟 → 国家 → 帝国 → 超大型现代国家）→ 地缘共同体 → 全球文明。既然建构一个区域共同体或者说地缘共同体是可能的，那么从逻辑上讲，也完全可以憧憬并努力建设一个四海一家、天下一家的人类命运共同体。

一、打破局部认同的文明

在政治学学者塞缪尔·亨廷顿一类人看来，文明间关系除了"冲突"，似乎就不存在其他可能性了；人类除了"冲突"和"战争"，似乎就不会有其他本事了。由于他夸大了西方文明的衰落速度，也由于他过于急切地哀叹这种衰落，更由于他急切地为西方文明寻找假想敌，这样它就不致过于迅速地衰落下去[1]，所以他所看到的，只可能是"文明的冲突"甚至"文明间的战争"。亨廷顿想要充当西方文明拯救者的心情太急切了，他想要充当美国政府的策士的心情太急切了，故而他不愿（恐怕也没有这种能力）对文明的本质进行一种更深入的思考，所以他对一个几乎是不证自明的历史现象视而无睹，这个历史现象就是，当今时代涵括了地球上绝

---

[1] 参见塞缪尔·亨廷顿，《文明的冲突与世界秩序的重建》，周琪等译，北京：新华出版社 1998 年，第 75—128 页。1990 年代初，苏联解体，美国一夜间失去了一个习惯了的敌人。于是，亨廷顿担当起了为西方尤其是美国寻找一些新的假想敌的使命。1993 年，他作了这么一番别有用心的预言：在不久的将来，将发生一场全球性的"文明大战"。他甚至为自己狂想出来的"文明大战"派定了一个非常确切、现沦为笑柄已久的年份：2010 年。既然是"文明大战"，就必得以"文明"划线；所谓"文明大战"必得发生在以儒家中国和伊斯兰世界为一方，以美国及其盟友为另一方的两大阵营之间。对于预言往往会自我应验这一点，亨廷顿一点也不在乎。对于这种战争很可能把全人类带入一种万劫不复的灾难之中，他没有丝毫的顾虑。

大部分人口的各主要"文明"，亦即他心目中那些基于价值观差异和利益分歧、相互之间只可能发生"冲突"甚至"战争"的"文明"或超大型的人类集群，本身就是由较小的人类群体（包括部族、民族、国家）长期融合而成的，或者说是较小人类群体扬弃既有的小认同、采用更大认同的结果。这个意义上的文明，不是也不应该是静止不变的、封闭的、排他的，而只应是变动不居的、开放的、包容的。没有开放性和包容性，没有不同人类群体的互动与合作，文明就不可能产生。开放性和包容性是文明的本质属性，是文明之所以成为文明的前提。

文明总是处在生成演进的过程中，甚至可能依然处在一个迅速生长的过程中。约翰·斯图亚特·缪勒说："文明演进过程中的每一个更高层次，都必然导致更大范围的合作，包含更多的人口。"[1]而文明的生长通常表现为局部认同被逐渐打破，不同民族和文化逐渐融合："在以往的历史上，同化过程即接受其他民族的价值、制度和文化的过程，也表现为文化的融合过程。这种文化融合，与其说对现代文明做出了贡献，不如说它创造了现代文明。"[2]一个毋庸置疑的事实是，在文明演进的过程中，曾经存在过的诸多"原始社会"及相应文化最终已整合成了一些规模巨大的历史文化共同体——如印度、欧洲、北

---

[1] 格罗斯，《公民与国家》，第215页。这里，格罗斯应该是在转述缪勒的意思，而非其原话。
[2] 同上书，第243页。

美、拉美、伊斯兰世界和中国。这些巨大共同体都包含多个种族、部族、民族，多种宗教和教派、多种地方性文化和亚文化，多种语言和方言。一种可能出现的情形是，一些历史文化共同体同时也是巨大的地缘政治共同体（这种共同体的文化和经济统一性自不待言），如中国、印度、美国和俄罗斯。欧洲政治统一的程度虽然差强人意，但在文化上却历来是统一的，其经济统一的程度也已相当高（尽管英国退欧削弱了这种统一），完全可以视为一个政治性的地缘共同体。它们之所以是政治性的地缘共同体，是因为将其人民凝聚在一起的，除了特定精神品质或文化属性外，更根本的还有那种不可更改、不可取消、不可复制、不可移植的地缘一体性。这种地缘一体性是一个先决条件，正因此先决条件，历史上不同地区的人类族群乃至集群方可能在互动中互鉴互助，融通和合，进行范围越来越大的合作，由弱变强，由小变大，最后演变成今人熟知的规模巨大的文明。

以上讨论也许会给人这种印象：不同人类群体之间只有合作，而没有斗争；不同人类群体只会融合，而不会发生冲突。但事实上，冲突是一种普遍存在的人类现实——有人类的地方必然有冲突。准确地说，不同人类群体的融合是在持续不断的冲突中发生的。故与其说文明是在"融合"中成长壮大的，不如说是在"冲突-融合"中成长壮大的。不仅文明本身是更小人类群体在冲突-融合中生成的，小于文明的人类集团如部族、部族联盟、民族、王国甚至现代民族国家，也是较小人类群体在冲突-融合中创生的。不同部族在冲突中联合起来，便形成了部族联盟（不难想象，这么做是为了增强同大自然作斗争的能力，应付共同的对手）。不同部族联盟整合起来，便形成了民族（同样是为了增强同大自然作斗争的能力及应付共同的对手）。不同民族整合起来，便形成了王国、帝国甚或文明。不同现代民族国家、文明地缘共同体整合起来，便会形成人类命运共同体。可以说，作为一种普遍的人类现象，冲突-融合是所有地缘共同体、文明和小于文明的人类集团或集群的基本存在形式，是它们成长壮大的普遍形式。

二、文明在冲突-融合中成长壮大

这里不妨以希腊为例。取得了辉煌文化成就的希腊文明是多个城邦的集合。由于特殊的地缘自然环境，希腊人打希腊人之事层出不穷，希腊人的窝里斗实在是臭名昭著。[1] 即便如此，分裂为众多部落的希腊人组成了部落联盟，部落联盟演变为城邦，后来城邦又构成了较大的城邦联盟如斯巴达同盟、雅典的提洛同盟、埃托利亚同盟、亚该亚同盟，甚至一度出现了一个

---

[1] 参见阮炜"文明研究"系列之《文明的表现（修订版）》第五章有关希腊人的讨论。

地跨三大洲的多民族、多文明的马其顿-希腊帝国。相对说来，希腊城邦依然是一些较小的政治经济实体，可即便如此，所谓希腊也是多个部族在互动和冲突中融合而成的，是国家形成过程中打破狭隘的血缘纽带、确立更具包容性的地域原则的产物。这意味着，可能并不存在"纯粹"的希腊人，即便最有影响力的雅典——曾搞过以血统甄别公民身份的雅典——也如此。[1]罗马就更是一个民族和部族的大杂烩了。没有包容性极强的普遍公民权制度，罗马帝国这种超大政治体绝不可能形成。[2]伊斯兰和西方文明的情形相似。在其较早的历史上，就连民族认同感极强的犹太人也经历了多个种族、文化和宗教的冲突-融合。古叙利亚地区长期以来一直是种族-文化大熔炉。[3]

　　中国并非例外。华夏民族的祖先是由炎黄两大族（可以视为两个大型部落联盟）融合而成的，而炎黄两大族又是众多原始部族在长期冲突-融合中最终形成的。在炎黄时期，黄河中下游平原出现了大量形态相似、性质相似的"酋邦"，或权力较为集中的部落联合体。作为强有力的部落联合体，黄帝和炎帝的大型联合酋邦以雄厚的实力不断扩大疆域，整合

---

[1] 汤因比，《人类与大地母亲》，第 240—241 页；也参见爱德华·吉本，《罗马帝国兴亡史》（两卷本），黄宜思译，北京：商务印书馆 1997 年，上卷，第 32 页。

[2] Michael Grant, *The World of Rome*, Mentor (USA), 1960, p.96；格罗斯，《公民与国家》，第 37—43 页；爱德华·吉本，《罗马帝国兴亡史》，上卷，第 33—34 页。

[3] 参见阮炜"文明研究"系列之《希伯来主义》第一章"希伯来主义的复杂起源"的相关讨论。

吸收在地缘背景、语言、文化和血缘方面千差万别的大量部族。及至尧、舜、禹时期，华夏共同体的规模更为壮大，同时建立了比炎黄时期更稳定的政治秩序。早期华夏国家形成了。它发挥着对不同背景和血缘的人类集团进行更大规模、更有效率的政治和文化整合作用。[1] 即便在秦汉以降的帝制中国，种族融合的过程也远远没有结束。在游牧民族入侵和占领中原时期，种族融合的速度就更快了。这里，最典型的例子是拓跋鲜卑人。公元389年，拥有现山西北部一带的鲜卑统治者定国号为魏（史称北魏），同时采取一系列强制性汉化措施，即以汉族文化为蓝本的政权建设和经济形态改造。[2] 这种改革意义重大，影响深远，使鲜卑人最终融入汉族文化成为不可逆转之势，也使一百多年后北魏孝文帝（471—499年在位）推行更为激进、也更富戏剧性的汉化革命成为可能。495年，孝文帝迁都洛阳后，推行全面汉化政策，明令禁止鲜卑人穿胡服，禁止他们在政府机构讲鲜卑话，同时提倡他们着汉服、讲汉话、改汉姓，与汉人通婚，甚至诏令迁居洛阳的鲜卑人"死葬河南，不得北还"。[3] 尤其值得注意的是，这种民族融合并非只发生在北魏政权下的鲜卑人与汉人之间，

---

［1］ 陈明，《儒学的历史文化功能——士族：特殊形态的知识分子研究》，上海：学林出版社1997年，第283、294、344页；谢维扬，《中国早期国家》，杭州：浙江人民出版社1996年，第265—274页。

［2］ 陈连开（编著），《中国民族史纲要》，北京：中国财政经济出版社1999年，第290页；陈明，《儒学的历史文化功能》，第288—289页。

［3］ 陈连开（编著），《中国民族史纲要》，第290—291页。

也发生在辽、金、清政权下的契丹、女真、满洲与汉人之间，同样也发生在这些政权之下的匈奴、突厥、羯、氐、羌等诸多少数民族之间以及他们与汉人之间。在不同历史时期，置于汉族以及北魏、辽、金政权控制下的诸多少数民族甚至被这些政权成批内迁至汉族农耕区。[1] 当然，还有蒙古族建立的元朝和满族建立的清朝。这两个疆域远超汉人王朝的全国性政权，尤其是清朝，民族融合的深度广度也超过了汉族王朝，现代意义上的"中华民族"和地理-文化意义上的"中华文明"正是在此过程中最终形成的。

以上讨论表明，文明史上的"种族"和"血统"，是一些可疑的概念。使用种族和血统概念，必然生发出这样的问题：一个种族或民族是否"纯净"？如果是"纯净"的，那么自何时起，它们就有了被视为"纯净"的资格？但，什么是"纯净"？用什么标准来衡量一个种族或民族"纯净"与否，甚至其"纯净"程度有多高？事实上，没有一个种族、民族或个人能说清楚自己是否"纯净"，或者说其祖先从何时起就具备了"纯净"的血统。对于文明这样的大杂烩，就更是说不清楚。显然，"纯净"只是相对的，而这相对性正产生于普遍的冲突-融合。即使在当前，不同人类群体间的冲突-融合也仍在进行，而如果把当前世界性的热门话题"全球化"置于古代条件下来考察，它就是不同文明的冲突-融合。

---

[1] 陈连开（编著），《中国民族史纲要》，第 290 页。

文明间的冲突-融合往往表现为宗教间的冲突-融合。不同的地方性信仰在冲突-融合的互动过程中成长，形成规模更大、覆盖地域更广、信众更多、普遍性也更强的宗教。这里最典型的例子是基督教。大量研究表明，基督教绝非无中生有，而是在确立了基本价值观的前提下，整合一个广大区域之内大量迥然不同的价值观、习俗和制度要素之后才最终形成的。叙利亚形态的唯一神宗教（即通常所谓犹太教或希伯来宗教）以"基督教"的形式向希腊世界传播时，难道没有吸收希腊哲学中的理型（Form 或 Idea）概念和"逻各斯"（Logos）概念？难道没有吸纳罗马制度要素，利用希腊罗马世界的道路、海港、桥梁等基础设施？难道没有向希腊社会占统治地位的多神教、秘密教仪进行妥协，用三位一体说、圣母崇拜、圣徒崇拜等方略使原本过于严格的唯一神论显得不那么僵硬？基督复活说和复活节等基督教要素，难道不根源于地中海西亚世界农业文化中的复活神崇拜？还可以问这么一个问题：叙利亚型宗教在传入地中海地区之前，是否为一块洁白无瑕的纯玉？答案是否定的。事实上，犹太教这一在犹太人社群中得充分发展的宗教也是由种种地方宗教观念和实践经过长期交流和整合才最终形成的。在"巴比伦之囚"前，犹太人中并没有末日审判、天堂、地狱、魔鬼、天使等三大"圣书宗教"（即犹太教、基督教和伊斯兰教）所共有的观念。只是在公元前 538 年波斯人征服新巴比伦王国，释放被囚禁在那里的犹太人以后，这些观念才逐渐成为犹太教教义的重要组成部分，后来更成为基督教和伊斯兰教的基本教义，而早在公元前 6 世纪以前，它们便已是伊朗地区琐罗亚斯德教（祆教）的重要成分了。[1]

三、轴心时代文明扩张是全球化的预演

当今时代，"全球化"成为一个世界性的、跨学科的热门话题。但应注意，全球化并非最近二三十年才有的一个特殊现象，甚至并非15世纪地理"大发现"之后才有的特殊现象。全球化进程早在公元纪年开始之前好几百年即所谓轴心时代便已启动了。正是在这一时期，先前不怎么接触或接触不多的相对隔绝的历史-政治实体开始了迅速的对外扩散。也正是在这一时期，至少在华夏世界，出现"天下"的概念和对"天下一家""四海一家"的憧憬，尽管这还只是区域而非全球意义上的"天下"。

公元前 4 世纪最后三十年，亚历山大率领的希腊军队征服了西亚和北非，大量普通希腊人随军队进驻被占领地区，建立了大量希腊式城市，以之为基地把希腊价值观、宗教、习俗和技术播散到西亚北非。此即所谓"希腊化"。与此同时，西亚

---

[1] L.M. 霍普夫，《世界宗教》，张云钢等译，北京：知识出版社 1991 年，第 183—200 页。

的犹太人也大量移居各希腊化城市，将其宗教中的唯一神信仰及相应文化播撒到希腊化世界。随着时间的推移，以唯一神信仰为核心特征的叙利亚宗教在希腊世界扎下根来，最终形成了基督教这一变体，或结出了基督教这一新文化之果。在稍晚的公元 7 世纪上半叶，叙利亚宗教的另一个变体——伊斯兰教——在阿拉伯半岛崛起，并以极快的速度传播到西亚其他地区，整个北非，欧洲的西西里岛、西班牙等地区，后来更传播到整个中亚、印度、中国和东南亚，以及非洲东部甚至中部。在东亚，中华文明也在公元纪元开始前后一两百年传播到现今朝鲜、日本和越南等地。在大致同一时期，印度文明以上座部佛教[1]的形式传播到今斯里兰卡、缅甸、泰国、越南、老挝和柬埔寨等地，以"大乘"和上座部的形式传播到中国黄河、长江流域，以密教和黄教的形式播散到现中国西藏、内蒙古和蒙古国等地。以佛教为载体的印度宗教和文明在中国历经波折，但终究生根、发芽、开花、结果，后来更以形形色色的中国化佛教的形式传播到朝鲜和日本。

---

[1] "上座部"为梵文 Sthaviravada 的意译（巴利文为 Theravada），佛教派别之一。据北传佛教记载，释迦牟尼逝后一百年时，比丘大天提出五条教义新见解（即"五事"），遭到教团内诸长老比丘反对，于是佛教发生了最初的分裂，形成了大众部（"大乘"佛教在很大程度上即源于此部派）和上座部。上座部在释迦牟尼逝以后三百年先分裂为说一切有部（简称有部）和雪山部，并进而分化为犊子部等八个部派和本末部等十一个部派。上座部系统中最有影响并基本代表该部派观点的，是说一切有部。该部于公元前 3 世纪从印度传入斯里兰卡等地，后被称为"南传上座部"。（参见任继愈（主编）、宗教词典编辑委员会（编），《宗教词典》，上海：上海辞书出版社 1991 年，第 87 页）

所以可以得出这些判断：各主要文明独立演进到公元纪年前后，各自都开始了其传统区域外的空间扩散，自此，先前彼此之间并没有太多联系的历史实体汇聚到一起，开始了价值观念和文化习俗层面的频繁接触；更重要的是，开始了比先前密切得多的政治经济互动。结果是，在比先前各"文明"范围大得多的区域，如东亚-东南亚世界、包括斯里兰卡的南亚世界以及西亚-北非-欧洲世界里开始了一个宏大的文化、经济和政治整合进程（这一进程速度缓慢，多有反复，直至目前也不能说取得了令人满意的成绩，在政治方面尤其如此）；换句话说，某种地缘共同体萌芽出现了。现在，先前自成一体的文明样式发生了转型，先前处于较低发展水平的人类群体接受了扩张中的新文明，先前发展水平较高的文化与扩张中的新文明发生了"混血"。职是之故，长期以来独立演进的各大文明在公元纪年前几百年开始的扩张，不仅意味着地缘共同体初见端倪，更意味着一种区域性的、小规模的全球化，或者说一种准全球化，一种当今人们所熟知的较为成熟的全球化的预演和准备。怎么强调也不为过的是，正是地缘共同体之初见端倪，或文明扩张意义上的全球化的预演和准备，才使充分意义上的、较为成熟的全球化成为可能。[1]

不仅应从文化形态看问题，也应从贸易和经济角度看问题。早在公元纪年前后一两百年，全球化——以先前彼此完全

[1] 杜维明，《对话与创新》，桂林：广西师范大学出版社 2005 年，第 34—35 页。

隔绝的"文明"如中国的汉朝、罗马帝国和印度之间开始的远距离长程贸易为标志——可以说便启动了。从根本上讲，全球化是各主要文明历史演进和经济发展的逻辑归宿和必然结果。尽管流行的看法是，全球化是随着16世纪欧洲人的全球扩张才提到议事日程上来（不妨将西方马克思主义的代表之一沃勒斯坦的世界体系论视为这个看法的典型），但只要不拘泥于过于苛刻的定义，不难发现，地球上不同文明的经济、文化交往和政治互动或"全球化"，是一种由来已久的现象，尽管其规模不能与16世纪以后相比，尤其是不能与1980年代以来信息化时代的全球化相比。当然，一种更容易被大多数人接受的观察是，在1500年之后五个世纪的大部分时期，绝大多数人类并不具有全球意识，当然也就不可能谈论全球化；如果这期间一些人的确具有某种堪比当今的全球意识（例如19世纪上半叶中国的魏源），那可能只是极少数的冒险家或思想家。

如果接受一种通俗的全球化标准（这与世界体系论派的全球化标准没有本质区别），那么全球化以开始于15至16世纪郑和率领的巨大中国舰队七下"西洋"（尽管中国舰队在东南亚、印度洋和非洲沿岸的航海和贸易活动仅仅持续了二十来年，便戛然而止[1]），达·迦马绕航非洲再至亚洲的远洋航

---

[1] 有关郑和舰队的规模和技术数据，参见席龙飞，《中国造船史》，武汉：湖北教育出版社2000年，第262—273页；房仲甫、李二和，《中国水运史》，北京：新华出版社2003年，第241—259页；汪昌海、李桂娥编，《华夏货殖五千年》，武汉：湖北人民出版社2000年，第108—109页。

行，以及哥伦布的美洲航行等远洋探险为标志，更以同一时期中国、日本、东南亚、印度、波斯和奥斯曼土耳其帝国的经济繁荣，以及欧洲人以其犯难冒险的远洋贸易参与各东方区域的经济繁荣为标志。[1]这种观点与长期以来欧美学术界通行的看法——16世纪以前，欧洲以外各文明的经济长期处于不活跃状态，是欧洲人的到来才重新激活了它们——明显不同。若采用上述这种较为传统的通行看法，很可能得出这一结论，即美洲是在16世纪才被纳入以欧洲为中心的"世界体系"的，美洲在世界经济体系里发挥关键性作用——如美洲白银进入世界性流通，从而根本改变了欧洲对东亚贸易尤其是对中国贸易的长期逆差状况——则是更晚的事。

若采用上述欧洲中心论的标准，也可能得出以下错误的结论：南亚是18世纪中叶英国在印度正式开始其殖民统治以后，才实质性地融入以欧洲为中心的世界体系；中国、日本、朝鲜和越南融入该体系的时间更晚，晚至19世纪下半叶。这是在发生了一系列环环相扣的重大事件后才发生的事，或者说，是英国人（广而言之，西方人）用光了从美洲攫取的白银，或丧失了对东亚贸易的正常支付手段——大量白银从欧洲人手中流出后，主要只是在东亚流通，欧洲的白银越来越少，于是不得不改用鸦片作为支付手段，以解决对华贸易逆

---

[1] 安德烈·贡德·弗兰克，《全球化，非西方化》，载弗朗西斯科·洛佩斯·塞格雷拉（主编），《全球化与世界体系》（两卷本），白凤森等译，北京：社会科学文献出版社1998年，上卷，第165—192页。

差问题；这很快就对中国社会造成了伤害，于是中国政府不得不实施禁烟政策；作为对禁烟政策的反应，英国发动鸦片战争，中国战败，与英国和其他西方国家签订一系列不平等条约，被迫开放通商口岸[1]；大约同一时期，日本在美国"黑船"驶入东京湾以武力威胁的情况下也结束了锁国状态，开放通商口岸，自此大力发展现代资本主义——之后，才出现的一种经济政治格局。

还是让我们放弃欧洲中心论，回到那个和欧美学术界不同的看法上来，15至16世纪的全球化的开始，始于东方世界经济的繁荣和东西方世界的远洋航行与探险。

四、技术革命是全球化的引擎

技术革命在全球化进程中发挥了不可估量的巨大推动作用。以印刷术为例。16世纪，活字印刷术在欧洲开始得到广泛应用（按：中国是人类历史上出现的第一个印刷文明；早在10—13世纪的宋代，中国便广泛应用印刷术了），产生了连锁反应般的结果：修道院和修道制度对知识的垄断被迅速

---

[1] 参见弗兰克，《白银资本》，第466—477页。

打破，教会的权威性急剧下降，俗语（即与权威性的拉丁语相对的荷兰语、英语、德语等）地位急剧上升，国家决定性地压倒教会，政教决定性地分离，基督新教在宗教改革运动中诞生，造纸和出版业得以发展，新闻业得以扩张，信息传播的速度、深度和广度大大提高，故而民族主义意识得到强化，个人权力意识得到加强，表达自由越来越成为中产阶级的政治诉求。但印刷术带来的最重要结果，还在于为代议制政府形式的兴起提供了有利的资讯和社会环境。[1]迄于19世纪上半叶，印刷术的影响范围对于欧洲人来说仍主要局限在欧洲（准确地讲，是西欧），或者说比之火车、轮船、电报、电话等更新的技术，印刷术对全球化本身的影响看似并不那么直接，但是就其对欧洲这一大型地缘文化共同体的重要整合作用而言，其本身也应被视为全球化的一个有机组成部分。应特别指出的是，先于欧洲三四百年，印刷术在中国、日本和朝鲜等东亚国家便已得到普及，对东亚经济和文化整合产生了直接而强烈的影响，也就是说，对近代以来全球化在东亚的展开做了技术、文化和社会准备。

印刷术普及之后不久，欧洲和美洲又发生了一系列重大技术革命，包括以蒸汽机为标志的动力革命、基于蒸汽机的新的交通运输技术（火车、轮船）的革命，以及电报、电话所带来

---

[1] 参见哈罗德·伊尼斯，《帝国与传播》，何道宽译，北京：中国人民大学出版社2003年，第154—181页；戴维·赫尔德、安东尼·麦克格鲁，《全球化与反全球化》，陈志刚译，北京：社会科学文献出版社2004年，第23页。

的信息传输技术的革命。这些技术革命首先引发了欧洲经济、政治、社会、文化等方方面面的深刻变革，很快扩散到全球，产生了巨大冲击。尽管如此，第二次欧洲大战结束时，世界上各主要文明间的经济互动和文化交流的规模仍然说不上大；电报、电话、收音机、火车、汽车、轮船在欧美各国虽已得到了广泛应用，但因各大文明区域间经济社会发展水平仍很不平衡，中国、印度、中东、拉美和非洲的工业化尚未完成，甚至仍然处在一个较低的水平，就将各大文明更紧密地联系起来而言，上述技术的应用仍然不够广泛；至于喷气式飞机、电视、卫星通信、高铁和互联网等更先进的运输和通信技术，即便在发达国家也要么尚未问世，要么仍只用于军事目的，并未广泛用于民用领域。

然而，20 世纪 80 年代以后却是一个全球化进程高歌猛进的时代。这时，迅速崛起的东亚扮演了一个极重要的角色。这时，日本已实现了充分意义上的现代化，韩国、新加坡以及中国的香港、台湾地区经济迅猛发展；中国大陆改革开放，经济开始活跃起来。东亚的崛起尤其具有重大意义。在这之后，全球化进程才重获巨大动力，真正进入了快车道。如果说，相对于新石器时代晚期农业的诞生，公元纪年前后长程洲际贸易的出现是一个跃进，那么相对于长程洲际贸易的肇始，15 至 16 世纪在东西方几乎同时开始的大规模远洋探险活动是一个跃进。如果说相对于 15 至 16 世纪大规模的远洋探险，火车、轮船、电报和电话技术诞生的 19 世纪又是一个跃进，那么相对于 19 世纪，

20世纪80年代以来喷气式飞机、电视、高铁、卫星通信和互联网的广泛应用更是一个比以往任何跃进都大得多的跃进。19世纪中叶,美国作家、思想家爱默生第一次乘坐火车后,发出了"距离毁灭"的感叹。[1]可是,火车只不过是一种基于蒸汽机的交通运输技术。相比之下,当今时代已不是极少数人,而是各大洲普通人都能乘坐速度快得多的喷气式飞机旅行,数量巨大的普通中国人(当然还有西班牙人、法国人、日本人)更能乘坐时速300公里以上的高铁出行。这意味着,数量巨大的人员能进行跨国跨洲的频繁流动,或在国内不同地区间频繁流动。这是19世纪完全无法想象的。如果爱默生在世,不知他得用什么词汇,才能准确表达一种强烈得多的距离被消灭的感觉。也是在这个时代,电视机和互联网在全球范围内得到了普及("互联网连接和用户的数字以几何级数增加"[2]),使大量图像信息得以在全球范围内即时传播(声音信息的全球性即时传播早在此前几十年便已相当普及),这就更不是爱默生所能想象的了。所有这一切,使得全球人员和信息交流无论在规模还是在速度和频度上都大大超越从前。两千多年前即已开始的全球化获得了令人眼花缭乱的加速度。

这里应特别注意的是,科学技术从来就不是一个自成一体的封闭系统,而是与人类智识、经济、社会和政治生活的方方面面紧密联系在一起的。科技革命和技术变革当然是为社会经

[1] 参见克拉托赫维尔,《文化和认同:国际关系回归理论》,第191页。
[2] 赫尔德、麦克格鲁,《全球化与反全球化》,第26页。

济发展的水平和特定的经济形态所决定的，但反过来又会促进社会经济的进一步发展，同时也将决定这种更高水平的经济将呈现出什么样的新形态："表现在研究、开支、设计、市场关系以及高素质劳动力的培养……还决定了新工艺（生物技术、新材料、人工智能）的出现。"[1]与此处讨论关系更紧密的是，科技革命极大地加速了全球化进程。它不仅使"人与人之间以越来越快、越来越普及化的形式增加其交流"，而且使人类生产方式发生了一系列连锁反应：

> 整个生产和服务系统国际化……必然造成一种新的现实，在这里，世界经济、战争与和平的问题，超越从前的军事战略，共同征服宇宙空间，保护地球环境，提高生活质量，克服饥饿、贫穷和文盲，管理世界社会，确保各种不同文明之间能够民主、多元和丰富多彩地和睦相处。这些已不再是一种哲学问题和道德问题，而是已形成了一种实际需要，它的出路是保证人类生存和活动。人类已不再是一种抽象概念，而是一种实实在在的、普普通通的现实。[2]

---

[1] 特奥托尼奥·多斯桑托斯，《世界经济新趋势与拉丁美洲一体化》，载塞格雷拉（主编），《全球化与世界体系》，下卷，第580页。
[2] 同上。

五、跨国公司与全球化

全球化进程所产生的一种极重要的经济形式，是大型跨国公司。正如人人都能观察到的那样，大型跨国公司的"跨国"，并非只是特定区域或地缘单位之内（如在东亚、中西欧或北美之内那样）的"跨国"，而往往是全球层面的"跨国"。这些企业中的佼佼者所能支配的资源之多，实在可以说是"富可敌国"。它们不仅对各国经济着实产生了巨大影响，而且提供了随时随处可见故极具冲击力的象征性符号。诸如可口可乐、百事可乐、宝洁、麦当劳、肯德基、沃尔玛、微软、戴尔、康柏、IBM、斯科、英特尔、苹果、爱立信、华为、中兴、台积电、中芯、腾讯、阿里巴巴、联想、小米、亚马逊、海尔、美的、格力、松下、日立、三菱、三星、LG、现代、丰田、通用电气、大众、戴姆勒、沃尔沃、辉瑞、强生之类著名的跨国企业不仅给不同种族和文化背景的人们提供了价廉物美的产品、优质的服务和大量就业机会[1]，而且也以其品牌本身，对世界各国人们产生了巨大的心理影响和文化冲击。

---

[1] 詹姆斯·弗拉尼根，《全球化对美国大有好处》，《洛杉矶时报》2005 年 4 月 24 日，载《参考消息》2005 年 5 月 14 日第 4 版。

可是并非任何人都欢迎全球化，欢迎跨国公司。与全球化趋向和跨国公司并存的，是一种反全球化的心态。在反全球化者看来，进行全球资本主义经营的跨国公司是万恶之首。从很多方面看，这种看法似乎不无道理。一方面，全球化使跨国公司利润大增；另一方面，公司内部收入分配失衡却在加剧："1990 年前后，公司首席执行官同一线生产工人的工资之比约为 60：1。"[1]这个数字已够离谱了，但据另一项调查，"1993 年时公司首席执行官同一线生产工人的工资之比已经达到 130—140：1。卡特比勒公司总裁的收入在工会屈服之后猛升到 407 万美元，比上一年增长了 53%……1992 年，沃尔特·迪斯尼公司的主席拿到了 2 亿美元，美国医院管理公司的首席执行官拿到了 1.27 亿美元，普里马里科公司的首席执行官拿到了 6 760 万美元"[2]。1982 年，CEO 们的收入只高于普通员工平均收入的 42 倍；至 1992 年，该比例已增长到 201 倍，2012 年更跃升至 354 倍，而至 2020 年代，这种收入差距虽受到一度的遏制，但只可能更高，不可能更低。据 AFL-CIO 数据库，爱迪生国际公司首席执行官西奥多·F. 夸文（Theodore F. Craver）2012 年赚了近 1 150 万美元，其中包括薪水、股票、期权和其他收入；而 2013 年美国工人平均

---

[1] 三好将夫，《"全球化"、文化和大学》，载杰姆逊、三好将夫（编），《全球化的文化》，第 204 页。应注意的是，这里引文所出之段落（第 202—207 页）的小标题是："跨国公司主义"。
[2] 同上书，第 204—205 页。

工资是 34 645 美元，夸文的收入是美国平均收入的 332 倍。[1]
一方面，全球化使跨国公司总裁们的工资高得如此离谱，以至
于被称为"公司杀手"，另一方面公司又大量裁员："这些'杀
手'的年薪：美国电报电话公司，340 万美元，裁员 4 万……
蔡斯化工公司，250 万美元，裁员 12 000；通用动力公司，
100 万美元，裁员 74 000。"[2][3] 看来，跨国公司高管从全球化
中受益远超普通员工，这就必然加剧很多国家的贫富差距和阶
级对立，导致严重的政治失序，使低收入阶层对全球化抱有敌
意，很可能使全球化难以为继。[4]

　　以上所讲的，还只是发达国家跨国公司内部的收入差距
过大及相关问题（如大量裁员）。从全球范围来看，跨国生产
和销售所导致的国与国间的分配不平衡同样引人注目。例如，
"一个终日在印度尼西亚的工厂中缝制耐克鞋的女工每天的工
资仅为 1.35 美元（这是 1990 年代初期的情况），承包商以每
双 6.5 美元的价格把鞋卖给耐克公司，耐克公司再一倒手，以

[1]《美国高管收入远高于普通员工，收入差距达 354 倍》，观察者网 2014
　　年 3 月 5 日，下载时间为 2020 年 10 月 22 日。
[2] 三好将夫，《"全球化"、文化和大学》，载杰姆逊、三好将夫（编），《全
　　球化的文化》，第 205 页。
[3] 另需注意，被裁员者并不限于非熟练工人，学术界也出现了类似情况：
　　"美国每年培养出来的数学博士仅一千人，其中外国留学生还占了一半。
　　可是据报道，数学研究人员的失业率高达 10%。1996 年春，罗切斯特
　　大学决定把数学、语言学、化学工程和比较文学几个系一起撤销。据
　　1996 年 3 至 4 月期《法国语言》报道，耶鲁大学英语系当年毕业的 15
　　个博士中只有两个找到与其学位相称的职位。"（参见三好将夫，《"全球
　　化"、文化和大学》，载杰姆逊、三好将夫（编），《全球化的文化》，第
　　205 页）
[4] 程亚文，《全球化的政治限度》，《读书》2020 年第 11 期，第 28—29 页。

每双 50 至 100 美元的价格在美国市场上销售。耐克公司付给迈克尔·乔丹的广告宣传费是 2 千万美元，整个印度尼西亚工厂雇用了 3 万名女工，把耐克公司付给她们的钱加起来，还比不上迈克尔·乔丹的广告费"[1]。从咖啡这一同样典型的跨国生产和销售的产品来看，情况似乎同样糟糕：

> 在发展中国家的市场上，烘焙过的咖啡零售价每公斤超过 10 美元，而刚采摘的咖啡的国际价格仅为 1 美元 / 公斤。第三世界国家的咖啡农每公斤咖啡可挣 25—50 美分。第三世界国家从中间环节中，诸如运输、仓储、处理、出口，每公斤咖啡可获利 50—75 美分。这样，每公斤 10 美元的咖啡零售价中就有 9 美元被经合组织成员国中的国际贸易商、分销商、批发商和零售商瓜分。在这一过程中被瓜分的剩余价值，尤其是在中间环节中被瓜分的，竟然是田头价格的 20 倍。即使是那可怜的 25—50 美分也只有一小部分真正进入了农民的口袋。他们还得付地租，偿还农业贷款，支付农场的投入，等等。[2]

---

[1] 程亚文，《全球化的政治限度》，《读书》2020 年第 11 期，第 206 页。
[2] 谢里夫·海塔塔，《美元化、解体和上帝》，载杰姆逊、三好将夫（编），《全球化的文化》，第 228 页。

收入差距高得离谱、国与国之间财富分配不平衡，仅仅是全球化、跨国公司所带来的问题的一部分。近年来，由于全球经济的持续低迷，已接受了大量移民的发达国家民众对移民的文化认同问题开始表现出强烈担忧，兴起了一股抵制外国移民的潮流。在欧洲主要国家和美国、澳大利亚等地，这一潮流已然对现实政治产生了极大的冲击，民粹主义政客纷纷上台，国家政策大大收紧了移民准入口径。在经济低迷使国际贸易局势持续紧张的情况下，又发生了英国脱欧以及日英多国推行贸易保护主义之事。[1] 使事态更严重的是，从 2018 年 5 月起，出于地缘政治利益的考虑，以贸易"不平衡"为借口，美国挑起了对华贸易争端，同时也发动了对华科技战。2020 年疫情爆发后，特朗普政府发现对中国主导的全球产业链依赖过大，竟发动了一场看似要与中国经济、科技全面"脱钩"的运动。这是工业革命以来一种前所未有的事态，看似极其严峻，甚至被很多人视为一种"去全球化"行为，即使在全面"冷战"时代，这种事情也没发生过（也不可能发生；以苏联为首的东方阵营与西方国家之间贸易往来极少，远不能与今日中国与西方乃至全世界经济的深度融合相比）。这一切似乎表明，各国间的贸易依存度下降了，全球化进程遭遇到空前的逆流，中美乃至其他国家的大型跨国公司遭遇到前所未有的难题。

---

[1] 皮拉尔·卡列哈，《新常态正在走向去全球化吗？》，西班牙《国家报》网站 2020 年 10 月 1，载《参考消息》（以"世界经济'去全球化'进程加快"为题）2020 年 10 月 4 日第 4 版。

以上所讲大体上是事实。跨国公司内部在收入分配上的确存在严重的问题。但是，这些问题很可能是尚不完善的分配机制造成的，而不是全球化所必然导致的后果。从古到今，分配正义一直是困扰人类社会的大问题。在1980年代以前，许多国家仍然相信，采用一种封闭的计划经济方略可以解决这一问题，而且真心实意实行这种政策。在这种计划经济下，人类似乎也实现了数千年来梦寐以求的目标——分配正义。可几十年以后，有关国家都发现，这种计划经济导致了另外的问题：普遍的效率低下和特权阶级（这个阶级与拿极高工资的跨国公司总裁们相比，恐怕只是五十步与一百步的关系）的兴起。经过好几十年的实验，有关国家发现，先前实行的计划经济政策问题太大，效率太低，尤其是与融入全球循环的开放自由的经济体相比，高下立见，于是不约而同先后抛弃了计划经济，进行了改革开放的经济试验。

当然，实行开放自由的经济政策，的确会产生财富分配不均的问题，跨国公司总裁们的工资尤其高得可怕。尽管如此，应当看到，总裁们的高工资并非全被毫无结果地挥霍浪费了。从逻辑和实际情况两方面看，这些钱借着全球化时代高效的流通和投资体系，又重新进入再生产领域，进一步参与创造社会财富，制造更多更好的产品和就业机会。另一方面，因发达国家税收制度已相当完善，能较有效地发挥调节社会财富再分配的功能，甚至创造了这样一种时尚，即亿万富翁们仍当盛年之时，便自觉自愿地从腰包中掏出万贯家财，甚至全部家当，以个人的名义捐赠给公益事业。他们这么做，动机当然是多方面的、复杂的，可是从实质内涵和客观效果看，却不啻是一种社会财富的再分配。而对整个社会而言，这不啻是个人分配上的一次重新洗牌。还需要注意，在发达国家，公司内部成员之间在利益分配方面，并非不能做到相对公平。1973 年阿以战争后，石油禁运，油价暴涨，寻找新的石油资源成为当务之急，美孚石油为了留住该公司优秀的地质专家，向他们推出"留任补偿"政策，承诺如果他们在公司工作到 65 岁，除了退休金，还将得到 100 万美元的补偿（100 万美元在 1970 年代并非一个小数目）；Google 公司的两组员工 2005 年 4 月从公司方面得到了价值 1 200 万美元的公司股票，该公司还计划今后以"创始人奖"的名义向另外几组员工赠送公司股票，希望以这种办法留住员工。[1]

全球化时代的跨国生产和销售，的确也导致国与国之间分配不平衡的问题。正如原始积累时期的资本主义极为残酷、极不人道那样，迄于今日，全球化还远未能达到一种理想的状态：任何一个国家和个人都能平等地参与跨国性的经济活动，平等地从中受益。[2] 承认这一点是必要的。但也应当看到，正是全球化使 16 世纪以来的欧洲得以崛起，使 1950 年代以来日本、韩国得以重新崛起，相对迅速地实现了工业化。更重要

---

[1] 格赖夫·克里斯特尔（彭博新闻社专栏作家），《员工挣得比老板多不是坏事》，墨西哥《改革报》2005 年 5 月 6 日，载《参考消息》2005 年 5 月 8 日第 4 版。
[2] 三好将夫，《"全球化"、文化和大学》，载杰姆逊、三好将夫（编），《全球化的文化》，第 195 页。

的，正是全球化使得改革开放以来的中国能够相对迅速地实现经济转型，连续三十几年在全世界保持最高经济增速（近百分之十），国力因之大大提升，至2014年，已成为全球最大经济体（据世界银行当年按购买力平价计算）。也正是全球化，使得实行计划经济的印度在沉睡多年之后，开始发力，表现出前所未有的经济活力。种种迹象表明，印度在可见的未来也将有更为突出的表现。如果说，是全球化把15世纪末在世界体系中尚处于边缘的西方逐渐推向中心，使亚洲逐渐沦为边缘，那么也正是全球化把东亚、南亚乃至西亚各国再次带回其历史上曾享有的地位。还应考虑到这么一个重要事实：以上所引全球化造成的国与国之间分配不平衡的事例中所用价格标准，是美元而非购买力平价；美元在不同国家有不同的购买力，在发展中国家的购买力比在发达国家强得多；若以购买力平价作为价格尺度，那么发达国家贸易商、分销商、批发商和零售商在跨国生产和销售中得到的利益，就并不像通常认为的那么多；反之，发展中国家从中得到的利益也并非像通常认为的那么少。

总而言之，人类从全球化的生产和生活状态——全球产业链、全球金融网络、全球商品市场和劳动力市场等——中获益实在太多，目前正在紧锣密鼓上演的逆全球化运动究竟会以什么结局收场，目前还不是十分清楚，但有一点可以肯定，迄于2022年，大多数美国在华企业并没有像美国极右派所希望的那样，竭力将其在中国的制造业回迁美国，而是选择继续留在中国。它们都是典型的跨国企业。拜登政府上台后，不得不承认美国消费者利益因特朗普的贸易战已受到不小的损害，因而只延续了特朗普尖端科技产品禁运的政策，大体上放弃了特朗普在中低端产品方面打贸易战的做法，尽管仍然怂恿美国制造业回迁。如果暂不对跨国公司作更多的价值判断，而只是对之进行一种客观描述，那么不难发现，跨国公司已成为当今世界一种关键性的生产和销售形式，已"占领了世界所有主要经济区"[1]。跨国公司的出口已成为各主要经济区域最重要的出口形式，其出口规模"大大超过全球出口水平，已变成了向海外提供产品和服务的主要手段"[2]。不难想见，跨国公司拥有巨大的生产规模。据估计，它们至少占有全球生产的 25%，世界贸易的 70%，其销售额几乎相当于世界 GDP 的 50%。它们覆盖全球经济的每个部门——从原材料到金融，再到制造业——使世界主要经济区的经济活动实现一体化和重新整顿[3]；早在 2000年，全球就有"6 万家跨国公司、82 万家子公司，其全球产品和服务的销售量达 15.6 万亿美元，所雇佣的劳动力是 1990 年的两倍"[4]。这种巨大的生产规模意味着，跨国公司在全球范围内创造了大量就业机会，意味着它们已经成为新兴的全球资本主义秩序的组织中心[5]，在全球和区域机构中行使着非常巨大的权力。甚至有理由认为，正是跨国公司的资本而非国家，对

---

[1] 赫尔德、麦克格鲁，《全球化与反全球化》，第 43 页。
[2] 同上书，第 47 页。
[3] 同上书，第 47—48 页。
[4] 同上书，第 47 页。
[5] N. Klein, *No Logo*, London: Flamingo (UK), 2000，转引自同上书，第 48 页。

当代全球经济中的经济权力和资源的组织、配置和分布施加着决定性的影响。[1]问题是，跨国公司实际上真的拥有如此"巨大的权力"？真的拥有这种"决定性的影响"？这很可能是一个见仁见智的问题。既然民族国家仍是最具效力的政治认同单元和最基本的国际政治组织形式，应对资源和权力过度流向跨国公司的现实方略，是对之进行适当的管制和调控，使之不至于危及民族国家的社会政治稳定乃至国际经济政治秩序的稳定。这是一个跨世代的世界性课题，人类社会需要几十上百年持续努力，方能取得有意义的成果。

同时，反全球化的人们所秉持的这种观点——全球化造成了新的分化，尤其是使国与国之间的贫富悬殊扩大了——也值得商榷这种看法似乎从世界人均收入情况中得到了印证。尽管2000年世界人均收入已达约7 350美元（World Bank，2001），但据有关论者，这个数字"隐藏了人均收入之间的巨大缺口，因为世界富裕地区的9亿人口的人均收入接近27 450美元，而最贫困地区的51亿人口的人均收入数字却为3 890美元（World Bank，2001）。在21世纪最初几年，这9亿幸运儿居住在西方富裕地区，占了世界消费支出的86%、世界收入的79%、所有电话线路的74%。相比之下，同一时期世界最穷的12亿人口却只占有世界总消费的1.3%，世界能源总消费的4%、世界鱼类和肉类总消费的5%、全部电话端口的1.5%"。

---

[1]　赫尔德、麦克格鲁，《全球化与反全球化》，第48页。

事实上，世界最富裕国家和最贫穷国家之间的差距正达到历史最高水平，并在加速扩大——"最富裕国家和最贫穷国家的收入差距自 1960 年以来，已翻了一番。"[1] 然而，这只是一家之言，并非不可以换一个不同的角度看问题。如果采用"相对收入差距"的指标，就很可能得出一种完全不同的结论，即目前看似严重的收入差距只不过是"两个世纪以来工业化本身的产物"，或者说，是先发国家与后发国家之间暂时存在的差距；而随着全球化的继续推进，这种差距最终将大大缩小。事实上，世界银行和联合国开发计划署（UNDP）的研究结果表明：

> 经合组织国家和其他国家之间的相对收入差距正在缩小——其差距从 1970 年世界平均收入的大约 88% 下降到 1995 年的 78%（World Bank, 2001; UNDP, 2001）……相比于 1980 年，2 亿多人生活在绝对贫困中——每天只靠不足一美元为生；时至今日，实际贫困人数的比例已经从占世界人口的 31% 下降到 20%……最近二十年来，不但绝对贫困人数有所下降，而且全世界家庭之间的不平等也在下降。[2]

更值得注意的是，全球化使许多发展中国家在短时间内便在外贸和制造业方面取得了巨大进展："在过去的几十年里，

---

[1] 赫尔德、麦克格鲁，《全球化与反全球化》，第 69—70 页。
[2] 同上书，第 70 页。

发展中国家的经济在世界出口和对外投资流量（向内的和向外的）中所占的比重有了很大的增长。东亚和拉丁美洲的新工业化经济……已变成一支日益重要的力量……到 20 世纪 90 年代末期，世界制造业方面工作职位总数的几乎 50% 在发展中国家，发展中国家对发达国家出口的 60% 都是制造业产品，在不到 40 年里增长了 12 倍。"[1] 这意味着，发展中国家的总体经济和技术发展水平都得到了极大的提升。众所周知，改革开放以来，中国积极加入全球化进程，所取得的经济成就举世瞩目，借此改变了世界地缘政治格局。东南亚和印度、拉丁美洲在工业化和现代化方面同样取得了显著成绩。尤其值得注意的是，发达国家从全球化进程中所得到的好处同样明显。世界各地以廉价劳动力生产的工业品大量进入发达国家，为当地消费者所消费，明显降低了当地的物价，提高了当地人们的生活水平。另一个事实同样明显，即跨国企业——尤其是规模大、利润率高的大型跨国企业——多为发达国家所拥有。这主要是因为长期以来，发达国家国内生产成本实在太高，若不把生产转移到劳动力、基础设施乃至其他成本低得多的国家或地区，要维持其现有生产和消费水平，是不可能的。

　　甚至在疫情肆虐的 2020 年，即全球经济大幅下滑，绝大多数国家出现负增长，"脱钩"也即去全球化论调甚嚣尘上的 2020 年，中国前十一个月货物贸易进出口总值仍然高达 29.04 万亿元

---

［1］　赫尔德、麦克格鲁，《全球化与反全球化》，第 46 页。

人民币，比前一年同期增长 1.8%。海关总署数据显示，11 月，中国出口 2 680.7 亿美元，同比增长达 21.1%；中国与东盟、欧盟、美国这三大贸易伙伴之间的贸易顺差明显增长。据分析人士，推动这种增长的主要原因是对美国的出口激增；得益于中国经济较早从疫情中复苏，中国外贸的增长动能有望持续到 2021 年上半年甚至 2022 年。[1] 看来，所谓"去全球化"说起来容易做起来难。不然如何解释正当特朗普挑起的贸易争端如火如荼，正当全球疫情大流行，中国的外贸不降反升？有西方论者说：

> 把工厂迁回我们的山谷、把服务业迁回我们办公楼始终是小规模变动……生产成本太高，所以回迁不可能变成大规模运动。尤其要注意的是，未来的趋势并不是"去全球化"，不是在自家生产，也不是国际贸易的终结。如果非要有证据去证明这一点，那就看看三周前在越南河内签署的贸易协定。这份有史以来规模最大的贸易协定涵盖全球 30% 的人口。在中国的守护下，区域全面经济伙伴关系协定（RCEP）将日本、韩国、澳大利亚、新西兰和东盟十国纳入其中……特朗普选择的关税战未能削弱和孤立中国，中国反而因此立威。民族主义–保护主义政策行不通，鼓吹"去

---

[1]《美媒：18 个月前，几乎没人会预料到中国现在的表现》，光明网 2020 年 12 月 11 日，下载时间为 2020 年 12 月 12 日。

全球化"的特朗普之流之只会孤立自己。[1]

　　退一万步说，即使特朗普之类的政治狂人能够成功地说服西方阵营大多数国家不顾其自身利益，齐刷刷地与中国经济和技术脱钩（这是完全是不合逻辑的，因而是不可能的），中国和日益崛起的广大非西方国家如俄罗斯、伊朗、土耳其、埃及、沙特阿拉伯、印度、巴西、墨西哥、智利、阿根廷、尼日利亚、南非、肯尼亚、加纳、印度尼西亚、泰国、马来西亚、菲律宾等国，也会一如既往展开经济、科技、教育、政治和其他方面的合作，因为合作意味着互利共赢，能最大限度地促进发展和进步，给各国带来实质性的利益。最近更出现了金砖国家"扩容"这一重要事态，已有的巴西、俄罗斯、印度、中国和南非这五个"金砖"大国将接纳更多合作伙伴，如阿根廷、沙特阿拉伯（虽然因米莱的上台，阿根廷加入金砖的进程暂时停止了）加入；最后，不说能够与由发达国家组成的经合组织相抗衡，至少一定程度地与之平行存在，对世界格局产生深刻影响。实际上，金砖组织已经成为世界经济舞台上一支积极、稳定和建设性的力量，一个世界经济的推动引擎，其国际影响力和吸引力正在不断提升。这意味着，即使某些西方国家冒天下之大不韪搞什么"硬脱钩"，出现一种与西方国家主导的、规模可观的平行的全球化格局，是完全可能的。种种证据表明，即使

---

[1] 埃里克·勒布歇，《去全球化？非也，是再全球化》，法国《回声报》网站 2020 年 12 月 7 日，载《参考消息》2020 年 12 月 9 日第 10 版。

某些国家、某些阶层从全球化中受益较少，全球化已然给全世界——无论是发展中国家还是发达国家，无论是西方国家还是非西方国家——大多数人带来了莫大的利益。即便出现了特朗普式的贸易争端、科技战之反全球化逆流，从趋势上看，全球化进程是不可能阻挡的。而从个人或国家主观上看，为了人类的根本利益，全球化进程只能进而不能退。

六、全球经济文化与经济全球化

无论对全球化作何种价值判断，全球化现象本身已是一个无可否认的客观现实。现在要问的问题是，是否也存在一种文化意义上的全球化？很明显，答案取决于如何界定"文化"。种种迹象表明，在当前经济全球化的汹涌浪潮中，传统意义上的各文明甚至这些所谓"地缘共同体"正在越来越大程度上共建、共享着一种单一的全球经济文化（按：这里的"经济文化"并不是"经济和文化"，而是"经济意义上的文化"），或者说，一种国际性的经济文化的核心内容正在出现，它跨越各种传统文化的界限，将为越来越多的人所共有。[1]这意味着对

---

[1] 塞缪尔·亨廷顿、劳伦斯·哈里森（编），《文化的重要作用：价值观如何影响人类进步》，程克雄译，北京：新华出版社2002年，第60页。

经济起积极作用的一批信念、态度和价值观将成为共同的，而显然不利于生产率的文化因素将会在全球化的压力之下以及全球经济带的机会的促进之下，逐渐消失。[1]简言之，一种人类所共有共享的全球经济文化正在形成。

确切地讲，"全球经济文化"指的是世界范围内人类的经济生活中已然存在一套被普遍接受、被认为是正面的价值观。有论者说：

> 创新是好的，竞争是好的，责任制是好的，严格的规章制度标准是好的，能力和技术方面的投资必不可少，雇员是资产，企业族群成员的地位是一项竞争优势，与供应商和顾客/客户的合作是有益的，联系和网络是必需的，教育和技能是工作有成效和必备条件，只有生产率提高才能升工资。[2]

相反的态度则意味着负面的价值观，如导致不公平竞争的垄断、权力大小决定报酬多少、企业文化中僵硬的等级制度、经济活动中的裙带关系等。目前，这种全球性的经济文化正呈现出越来越强的一致性，所谓"全球化"，很大程度上就是经济文化意义上的同质化（某些西方马克思主义者认为，经济意义上的同质化正在消灭"差异"，或者说，正在吞噬各地的传统文化，因

---

[1] 塞缪尔·亨廷顿、劳伦斯·哈里森（编），《文化的重要作用：价值观如何影响人类进步》，程克雄译，北京：新华出版社2002年，第60页。
[2] 同上书，第53、57页。

此呼吁用"文化多元主义"来抵抗这种全球性的同质化。[1]实际上，这种思想倾向很难说是马克思主义的，甚至可能是反马克思主义的。从人类文明演进的规律来看，一种全球共有共享的经济文化同样应被视为一种必然，否则各大文明就失去了存在的理由，因为它们无不是在打破局部认同和诸多地方性"差异"的过程中成长壮大的，它们本身就是破除地方性认同、消解局部性差异的结果）。这种同质性的经济文化的终极基础，是相同的商品生产方式、商品交易方式、交通和通信手段，也是不同国家或地区、不同文明甚或地缘共同体之间的经济联系和合作。这种经济联系和合作正在变得越来越频繁，越来越紧密。

回顾历史，不难发现，迄于 16 世纪，包括东南亚在内的东亚、南亚、伊斯兰世界和西欧这四大地缘单位（此时尚不存在地缘性的北美文明，而地缘性的拉美文明则正处于初萌状态）已有资格被视为四个准世界体系；而这四个准世界体系之间又有相当密切的贸易往来和技术交流，否则便不仅无法解释中国、印度和伊斯兰世界的科技发明在这三个区域间扩散，也无法解释这三者的经济动能和科技发明会深刻影响当时还相对落后的西欧。可以说，迄于 16 世纪，四大准世界体系一起构成了一个前现代世界体系，而它们各自在其内部，又一直进行着各地区、民族或政治实体间的经济、文化和政治交往。甚至在四大准世

---

[1] 弗雷德里克·杰姆逊，《对作为哲学命题的全球化的思考》，载杰姆逊、三好将夫（主编），《全球化的文化》，第 77 页；谢里夫·海塔塔，《美元化、解体和上帝》，载杰姆逊、三好将夫（编），《全球化的文化》，第 238—245 页。

界体系之间，也发生过相当频繁的贸易往来和关键性的科技交流。只是到了 16 世纪，后来居上的西欧的资本主义开始了其全球扩张后，升级版的世界经济体系才开始形成，较严格意义上的经济全球化时代才来临。至 20 世纪后半叶、21 世纪初期，在火车、轮船、飞机、电报电话、电视、互联网等一波又一波新技术革命的基础上，在越来越多国家实行市场经济政策的背景下，在世界各国对外贸易量急剧增长的情况下，全球化的速度骤然加剧，或者说全球化进入了一个前所未有的高层次，必得使用一种前所未有的新标准，才能对之作有意义的估量。

甚至可以说，这个历史悠久的经济性的世界体系正在迅速演变为一个文化性的全球文明，尽管在可见的将来，各主要文明仍然将在很大程度上保留其原初文化根性。也就是说，在当前阶段所谓"全球文明"主要是经济意义上的，而非文化形态和政治模式意义上的全球文明。然而，即使全球文明的共性中仍将蕴含个别文明的丰富个性，个别文明毕竟已共享着一种具有根本意义的全球经济文化。随着时间的推移，文化共享的程度还会进一步提高，其改变各传统文明的原有面貌甚至核心品质的作用也会变得越来越强。事实上，目前各传统文明在形态上的趋同之势已经十分明显。甚至可以不夸张地说，文明和地缘共同体的下一步演进，将是它们在文化身份即生命形态上的渐进式的自我扬弃。

原因很简单：在全球化的氛围中，在全球性的跨区域、跨文明的经济合作条件下，先前意义上的较小经济实体——无论它们是国家、文明，还是跨国经济联盟或区域合作组织——之间的相互联系、互鉴互助的程度已是如此之深，以至于根本不可能再退回到几个世纪以前那种相对封闭的状态。文明乃至地缘共同体先前那种自我依存度相对较高的局面将一去不复返。在这种情况下，世界各地的人们将越来越清楚地认识到传统意义上的种族、民族、国家、文明，甚至地缘共同体，只代表一种局部性的身份认同，认识到这种局部性认同的局限性。世界各地的人们将越来越清楚地认识到，先前赋予他们以文化身份的文明的演进，实际上遵循着部落、部族、民族、国家、文明、地缘共同体之间互鉴互助、整合程度越来越高这一逻辑，或者说所谓文明乃至地缘共同体的产生和发展，在于打破形形色色的局部认同这一逻辑。世界各地的人们将越来越清楚地看到，局部认同必然导致局限性——无论这局限性表现为部族、民族、国家乃至文明、地缘共同体，还是表现为教派、地方性宗教乃至某种世界性宗教。世界各地的人们将越来越清楚地认识到，从根本上讲，无论何种形式的局限性——无论是政治经济的、社会文化的，还是民族的、文明的——都与自己的长远利益相悖，都必须克服它、打破它、否弃它。如此这般，人类方能不断前进，在未来发展中不断实现其自身所蕴藏的无限可能性。

很明显，"文明"作为一种个人或民族的认同对象，作为一种以文化同一性为本质属性的认知对象，不是不可以质疑的。以"西方文明"为例。"西方文明"的源头何在？在于叙利亚和希腊罗马这两个轴心期文明的融合，日耳曼"蛮族"精神品质也参与其中。那么希腊罗马和叙利亚文明从何而来？它们各自又是多个前轴心期文明——埃及、苏美尔、巴比伦、克里特、赫梯等上古文明混血的产物。事实上，没有一个文明或者民族拥有全然"纯净"的血统。据美国政治学学者大卫·维尔金森，尽管迄于19世纪上半叶，地球上依然存在几个独立的文明，但目前只剩下一个了，此即"中央文明"或"西北旧世界文明"。这独一无二的超大的全球文明是如何形成的呢？其前身是公元前1500年左右埃及与两河文明在西亚相遇、碰撞和逐渐融合中形成的叙利亚文明。[1] 这个文明在吞并了西亚地中海区域的希腊罗马文明后，逐渐成长为中世纪的西欧文明。在滚雪球式的历史运动中，西欧文明又逐渐"吞噬"了东正教文明、阿拉伯伊斯兰文明、伊朗伊斯兰文明、印度文明，最后竟吃掉了东亚的中国文明和日本"文明"。暂且不论这个观点显而易见的荒谬性和西方中心主义色彩（即使真的存在一个维尔金森式的"中央文明"，那也是由品质迥异的文明所共同建立的；在这一过程中，埃及和两河文明融合后形成的新文明的同一性和主体性不可能是一成不变的，而是融进一个其先前所不是的更大的文明中，而这个更大的文明同样又处在一个不断扬弃旧我、重构新我的宏大过程之中），有一点是无可置疑的，那就是，文明演进的总趋势是血缘、部落、民族、国家或者说地方性、局部性之不断被打破，人类总体生产率之不断提高，总体潜力之不断得到开掘和释放。

---

[1] David Wilkinson, 'Central Civilization', in Stephen K. Sanderson ed., *Civilization and World Systems: Studying World-Historical Change*, Walnut Creek (USA): AltaMira Press, 1995, p.263.

可以说，一个并非只是经济意义上的全球文明已经出现。其基本内涵可用"现代性"来概括。可是，这里"现代性"不可能只是源自西方文明的现代性，而从根本上讲，是源自各大文明在一个统一世界体系里长期互动的现代性："很多被当作它（欧洲）的独有产物的价值观、发现、发明、科技、政治制度等，其实是在这个跨区域体系（世界体系）的第三阶段中，古代中心（指亚洲的主要文明）向欧洲移位的结果……甚至资本主义也是世界体系内的欧洲的世界化和中心化这一情势的结果而非其成因。4 500 年来在这个跨区域体系内人类的政治、经济、科技和文化联系的经验现在（16 世纪）被欧洲独霸，而欧洲过去从来都不是'中心'，最多也不过是个'边缘'。"[1] 从目前看，这个意义上的全球文明仍处在一个迅速生长的过程中。

七、国家主权的相对化

如果说全球化情境中的文化认同有整体与局部之分，那么对于个人、民族、国家甚至更大的历史文化集群而言，政治认同与文化认同之间也有一种剪不断、理还乱的复杂关系。在很多情况

---

[1] 恩里克·迪塞尔，《超越欧洲中心主义：世界体系与现代性的局限》，载杰姆逊、三好将夫（编），《全球化的文化》，第 5 页。

下，文化认同与政治认同之间有相当大程度的重合，或者说文化认同既能强化政治认同，也能被其所强化，但总的说来，对于大多数人来说，国籍（国际法意义上的国族身份）这种政治认同强于文化认同，也大于文化认同。而在形形色色的政治认同中，对民族国家的认同可能是最重要的。有论者说："到目前为止，民族国家仍然是唯一得到国际承认的政治组织结构。如今只有正式建立起来的'民族国家'才被联合国以及其他国际团体接纳。"[1]尽管"二战"结束以来，世界范围内出现了一种淡化民族国家的趋向，甚至建立了诸如联合国、东南亚联盟、南亚区域合作联盟、安第斯集团、北美自由贸易区，以及欧洲联盟（最终说来，或在三四十年内，目前在政治上尚不能充分协调一致和统一行动的欧盟最有可能变成一个邦联式的大型政治体，或可称之为"欧洲合众国"）之类的超国家机构，但在可以预见的将来很长一段时期，民族国家作为国际关系中一个最"合法"的政治单元，仍将是大多数个人和群体最基本和最重要的政治认同对象，也是最具有动员能力、最具有实质性效力的政治行为体。

尽管如此，在技术革命和经济全球化的大背景下，尤其是在发生了两次惨烈的欧洲大战以后，人类已意识到，基于主权神圣和领土排他性的民族国家之作为个人认同对象，不应该是绝对的，而很大程度上应该是相对的。因为，孤立的民族国家不仅不能有效地解决国与国之间的争端乃至战争这样的大问题，

---

[1] 安东尼·D. 史密斯，《全球化时代的民族与民族主义》，龚维斌、良警宇译，北京：中央编译出版社 2002 年，第 122 页。

而且在全球化程度越来越高的情况下，国与国之间在经济、金融、文化、教育、体育、医疗卫生等诸多领域必须进行密切合作，才能实现双赢和多赢，亦即实现各方利益的最大化。但如果没有一些超越民族国家的协调和管理机构，这样的合作就很难有效进行。于是，形形色色的超国家机构建立了起来。目前，人类社会不仅已经有联合国、世界卫生组织、联合国教科文组织、国际奥林匹克委员会、世界银行、国际货币基金组织等全球性的超国家机构（尽管在后两个组织中，美国拥有过大的权力），而且成立了规模越来越大、整合程度越来越高的区域性超国家组织——如欧洲的欧盟（在很多方面上已经可以视为一个行为体）、拉丁美洲的安第斯集团、北美洲的北美自由贸易区、非洲的非洲统一组织（非统成立于1963年，为全非协调组织；较小的非洲区域组织还有：南部非洲发展共同体、东南非洲共同体、西非国家经济共同体、东非共同体，以及中部非洲经济和货币共同体等）、南亚的南亚区域合作联盟、东南亚的东南亚联盟，以及整个东亚的东南亚联盟与中日韩（10+3）首脑会议机制等。从本质上讲，当今如火如荼的区域一体化运动与公元纪元前几百年开始的诸文明扩张的情形相似，同样也是一种局部意义上的准全球化现象，一个与更高层面的全球化同时发生的平行进程。事实上，这种区域一体化运动本身就是全球化的一个有机组成部分；所谓全球化在很大程度上就表现为区域一体化。更重要的是，各区域组织既然为了共同利益走到一起，并在重大问题上尽可能协同一致，各相关国家必然或多或少得交出自己的一部分主权。主权的"含金量"、重要性因之下降。

当然，在人类业已建立的所有全球性超国家组织中，联合国的重要性远远超过其他机构。联合国是各民族国家、各文明有史以来基于共同价值观如人道主义、社会平等、和平、正义、民主、自由、人权（尽管目前在人权的定义上，发达国家与发展中国家之间还有不小的分歧）、法制和国家主权等，第一次建设一个世界性政府的努力（试比较历史上中国各朝代、波斯帝国、马其顿–希腊帝国、罗马帝国、拜占庭帝国、阿拉伯帝国、土耳其帝国、沙俄帝国等，这些大型政治行为体至多只进行了建立一个区域性的"世界政府"或准世界政府的尝试，而且规模也小得多）。但是，迄今为止，因各国交纳的会费在国民生产总值中所占比例太小，联合国所掌握的资源还明显不够多，权力明显不够大。"二战"结束后，多次大规模国家间战争的爆发，联合国都未能阻止；由于国与国之间存在的经济、军事和文化实力方面的较大差距，联合国体系内部往往会出现以实力说话的局面；霸权国家在联合国符合自己利益时便利用它，不符合时便设法绕过它。凡此种种说明，联合国目前尚称不上人类大家庭的称职家长。尽管如此，联合国在促进世界经济、教育、科技、文化、体育、卫生发展方面，在保护生态环境和生物多样性方面，在保护人类文化遗产方面，在应对气候变化、紧急状况以及赈灾济困方面已做了大量的工作。尽管联合国未能阻止朝鲜战争、越南战争、五次中东战争、两伊战争、波黑战争、伊拉克战争、俄乌冲突（或者说俄罗斯与北约的冲突）等，但是在柬埔寨、索马里、莫桑比克、利比里亚、海地等国的维和行动方面却功不可没。至少就一个可操作的世界政府的组织架构而言，联合国所起作用与《威斯特伐利亚和约》以来民族国家在国内所起的作用是相似的。对于促进和发扬和平、民主、自由、人权、法制之类的全球价值观，联合国更是发挥了至关重要的作用。在此意义上，可以说联合国已成为引领主权相对化潮流的最强大力量之一。

以上讨论的，仅只是超国家机构或行为体。从法律上讲，这些超国家机构或行为体的参与者必须是主权国家政府，或法定的国家行为体。另一类全球性机构发挥着与政府性的超国家行为体相似的作用。这些机构就是国际非政府组织，或者说"全球公民社会"。[1]在1990年代冷战结束、全

---

[1] "国际非政府组织"与"全球公民社会"在概念上既有重叠，又有区别。"全球公民社会"的外延大于国际非政府组织的外延，或者说，两者之间存在着一种互涵的关系。有论者认为，"除了全球非政府经济以外，'全球公民社会'还包括其他组成部分，如草根组织、教会组织、劳工组织、各种国际运动组织、专业性协会（如医生和律师协会）、公民运动、非正式的网络等等"。可是，由于这两个概念比较模糊，也由于"国际非政府组织又是当前体现全球公民社会精神最集中、表现也最活跃的行为体"，所以现在使用这些概念者对它们往往不作区分。"全球公民社会"的作用表现在以下五个方面：（1）"及时发现问题并利用自身的跨国网络将之公之于众"；（2）"帮助建构能够对未来的国际政策和实践起指导作用的价值规范"；（3）"参与制定和实施全球公共政策，创立或改革国际制度，以提高对全球问题的应对能力"；（4）"通过游说、抗议等方式向国家施加压力，推动或者监督国家在某些公共领域中的行为"；（5）"动员资源并直接参与解决国际公共问题的行动，如参与国际发展援助项目和人道主义救援活动，在解决国内和国际冲突方面扮演调停者的角色"。（参见王杰等（主编），《全球治理中的国际非政府组织》，北京：北京大学出版社2004年，第108、113—115页）

球化进程骤然加速的情况下，不仅民族国家，就连联合国之类超国家机构也未必在任何情况下都能有效地应对诸如人权、安全、环境、可持续发展、分配正义、恐怖主义、妇女权利、人道主义干预一类的重大问题，再加上1990年代以来通信技术的迅猛发展（这使个人、机构间的通信成本明显降低，大大方便了跨国通信联系），国际非政府组织雨后春笋般涌现出来，其"作为行为体对世界政治的参与和影响"[1]也迅速扩大。

在国际层面，国际非政府组织发挥了诸多重要作用，如发现问题、传播信息、阐明新的价值规范、参与制定政策、创立或改革制度安排、监督政策和制度实施情况，有时还直接参与人道主义救援、发展援助和调停冲突等活动。在人权、环境、发展和人道主义救援等领域，许多国际非政府组织已经显示出参与全球治理的能力。[2]国际非政府组织在当今国际事务中发挥了如此重要的作用，完全可以说它们正有力地推动着民族国家主权相对化（主权相对化恰恰是全球化进程的一个重要内容），正在重构今日以国家为中心的世界政治[3]，已成为改变民族国家体系的先锋队和排头兵[4]。那么国际非政府组织的力量来自何处？其所依靠的是由规范、道义、知识和可靠

---

［1］ 王杰等（主编），《全球治理中的国际非政府组织》，第120页。
［2］ 同上书，第120页。
［3］ 同上书，第111页。
［4］ 同上书，第399页。

的信息而产生的权威性（全球公民社会这种"软权利"，而非通常只为国家所拥有的"硬权力"如征税、使用军队和警察等）。[1]也许正因为如此，它们在全球治理中的意义没有太大的争议。

超国家机构和国际非政府组织在当今世界发挥了巨大作用是没有疑问的。正是它们在推进民族国家主权的相对化。正是它们在时时刻刻提醒全世界人们，长期以来大家习以为常的民族国家体制及相应主权观念正经历着一个淡化过程。事实上，在历史上大部分时期，民族国家并不是常态。从起源上看，民族国家是特定历史时期在欧洲（也许俄罗斯除外）出现的一种特殊的政治安排。1618—1648 年，一盘散沙的"德意志"诸侯国之间打了一场漫长而惨烈的战争，即"三十年战争"。为了结束这场战争，神圣罗马帝国皇帝、德意志诸侯国、法国和瑞典的代表于 1648 年在威斯特伐利亚的明斯特城签订了一个和约（英国、波兰、土耳其没有派代表出席）。后来的情况表明，该和约的影响至为深远，远不止结束一场在德意志已打了三十年的残酷战争。该和约使神圣罗马帝国皇帝和帝国议会丧失了几乎所有权力，而三百多个彼此间纷争不已的公侯要么在法定意义上获得了领土，要么领土主权的要求得到了法律承认。自此，实已成为国家的公侯领地相互间及与外国之间可自主宣战或缔结和约。自此，无论欧洲

---

[1] 王杰等（主编），《全球治理中的国际非政府组织》，第 121 页。

政治地图如何变化，领土主权原则都被奉为天条，神圣不可侵犯。回头看，《威斯特伐利亚和约》以法律的形式结束了名存实亡的封建制，承认了欧洲分裂为多个政治体的现实，开启了一种新的国际政治体制和国际法形式，而随着欧洲的全球扩张，这种国际政治体制和国际法形式在19世纪下半叶以后逐渐成为全球通行的游戏规则。[1]

但是时过境迁，经历过1914—1945两次惨烈的欧洲大战后，西方人终于意识到，民族国家不仅不是神圣的，而且是使同文同种的欧洲各国人民陷入深深分裂，数百年来兵燹不断的一个根本原因。从欧洲历史看，这种将一个历史文化共同体分裂为多个主权国家的政治安排不仅已导致了无数次欧洲内战，而且将来还可能使欧洲再次面临大规模内战的灭顶之灾。为了避免欧洲内部再次发生"世界"大战（防范苏联集团是同样重要、或许更重要的原因），欧洲人首先建立了"煤钢联合体"，在此之后又相继成立了西欧联盟、欧洲自然贸易联盟、欧洲共同体、欧洲经济共同体等政治、经济（及军事）性质的超国家组织。这些组织后来演变为目前的欧盟。欧盟不仅是经济和历史文化意义上的共同体，在政治上也正在获得越来越多的实质性权力，甚至很可能在不久的将来实行统一的外交政策。

---

[1]《简明不列颠百科全书》（12卷本），北京：中国大百科全书出版社1986年版，第8卷，第156页。

八、"硬件"的全球化

早在公元纪年开始前后几百年，相互间被几千公里的距离所分隔的主要文明——东亚地区的华夏文明、地中海西亚地区的希腊罗马文明和南亚地区的印度文明——几乎同时在各自周边开始了前所未有的空间和人口扩张；与此同时，它们之间也开始了前所未有的洲际长程贸易。以当代的标准衡量，这种洲际长程贸易虽然发生了，但规模实在是太小。可是无论如何，这种贸易终究发生了。近几十年来人们所津津乐道的"全球化"现象，其实早在两千多年以前便已初露端倪。正如上文已提到的，15世纪后半叶以后，不仅区域意义上的准全球化逐渐演变成当今意义上的全球化，而且全球化的速度明显加快。20世纪最后二三十年，全球化获得了前所未有的加速度。进入21世纪后，全球化更是进入了一个白热化的阶段。也只是到了此时，"全球化"才真正成为各大洲人们街谈巷议的热门话题。

尽管如此，至少就目前而言，全球化主要仍只表现在经济活动方面，其他方面的表现较弱。事实上，各国各地区在经济上已经进入了一个高度相互依存的时代，现在已根本找不到一个在经济上仍能完全自给自足的国家。1980年代以来，中国经济极大地受益于全球化。早在2014年，中国经济总量以购买力平价计算便已超过美国。及至 2030 年左右，中国经济总量即使以名义汇率计算，也很有可能超过美国。眼下，中国人均 GDP 水平以名义汇率计算，已与世界人均 GDP 水平大致相当；以购买力平价计算，已超过了世界人均水平；与发达国家相比虽仍有不小的差距，但较之 20 世纪末已明显缩小。中国经济对外贸的依赖度也相当高，甚至可能过高。2003 年，中国经济发展对外贸的依存度高达 60.3%[1]，此后有一定的下降，但仍然保持在一个较高的水平。事实上，世界各国经济的彼此依赖已达到如此高的程度，以至于可以说世界已进入一个实实在在的你中有我、我中有你的时代。目前根本找不到一部纯粹为某国所生产的飞机、汽车、电脑、手机、电视机及其他家电。这些产品外壳可能标明在某国制造，配件却完全可能在另一国生产。这种情形甚至已成为一个人所皆知的事实。

另一方面，全球化毫无疑问有一个技术维度，或者说全球化的一个重要表现是那些为全人类所共有的技术："今天的全

---

[1] 在目前阶段，从国家战略角度看，外贸依赖度过高并不好，应逐渐降低。2012 年，我国外贸依存度已从 8 年前的 60% 以上降为 45.2%；至 2017 年，已降至 33.6%（参见梅新育，《汇率之争》，《读书》2005 年第 5 期，第 26 页）；据不同的资料来源和不同的统计方法，2004 年，外贸出口仅占中国 GDP 的 36%。即便这一数字远低于 60.3%，也是美国出口占其 GDP 的 10% 这个比例的 3.5 倍以上；也可参见斯蒂芬·罗奇（摩根士丹利公司首席经济学家）文，《中国需要一个新锚——该国经济命运与美国息息相关》，《财富》2005 年 5 月 16 日，载《参考消息》2005 年 5 月 18 日第 16 版；2019 更下降到 31.8%。但是，对于一个有 14 亿人口、巨大国内市场的超大国家来说，这个数据仍可能太高。这就是为何在特朗普发动的美中贸易战中，中国经济受到了一定程度的影响（美国经济所受的影响也不轻），见《海关总署：中国经济发展对外贸依存度下降》，新浪财经 2018 年 10 月 12 日，下载时间为 2021 年 10 月 24 日。

球化文化也许是第一个纯粹的技术文明……它的世界主义反映出其统一的工艺基础，这一基础具有众多能够创造出相互依存的社会网络的通信系统。"[1]技术进步不仅大大提高了人类的劳动生产率，从而在总体上大大改善了人类的生活品质，而且彻底改写了数千年前人类开始养马、造车、造船以来一直习以为常的距离概念。距离概念的改变，又导致空间观念的改变。在19—20世纪以前，各主要文明两三千年来一直享有相对固定的疆域，或者说它们的空间范围变化相对较少。相比之下，在一个广泛应用电报、电话、电视、互联网和卫星通信等通信技术的时代，大量听觉和视觉信息能够瞬时或延时播送到地球的每一个角落；在广泛应用远洋货轮、喷气式飞机、高铁等交通技术的时代，大量物质和人员能以极快的速度进行跨国和跨洲流动。如此这般，不仅先前的距离概念改变了，绝对意义上的空间（与先进交通技术所导致的空间缩小相比较而言）的重要性也下降了。受教育程度更高的劳动力、规模更大的国内市场、更完善的基础设施、更先进的工艺技术，以及更合理的管理，所有这一切都意味着更高的劳动生产率、更优良的产品性价比，即更强的经济竞争力。从实质上看，更强的经济竞争力意味着更多生存空间——额外的生存空间。一国从另一国进口工业原料、农产品或较多依赖自然资源的工业产品，不啻是使用亦即"进口"了该国的领土。传统意义上的"生存空间"

---

[1] 史密斯，《全球化时代的民族与民族主义》，第22页。

（即 Lebensraum，该词曾因被德国纳粹分子滥用而臭名昭著）的理念因而明显有点过时了，或者说其原有内涵已发生了极大变化。另一方面，在全球化条件下，大规模杀伤性武器的存在以及高效无人武器的广泛使用，已使敌对国之间的空间距离、地理位置、人口数量、国土面积等指标很大程度上失去了其先前具有的极端重要的意义。此外，人类活动范围早已不局限于地球——人类的触角已伸展至月球、太阳、金星、水星、火星、太阳系的各类小行星、木星、土星、天王星和海王星的卫星、柯伊伯带及之外的太阳系，甚至对银河系其他星系和大量河外星系进行了探测。

一波又一波的全球性技术革命、经济文化和区域一体化进程把"硬件"意义上的全球化不断向前推进，这就为文化或"软件"意义上的全球文明创造了一个可供操作的物质和制度平台。当然，究竟是否已存在一个"软件"意义上的全球文明，仍然有争议，但如果说各文明目前正在朝这个方向转变[1]，应该没有疑问。可以肯定的是，人类不仅已有在全球层面进行深度交流交往的理念根据，而且掌握了进行这种交流交往乃至越来越大程度之整合的技术手段和法律基础设施。这在文明史上是前所未有的。从目前看，那些覆盖全球各个区域，基本上为全人类所共同接受、故产生了深刻影响的文明要素更多只是较为"硬性"的要素，或者说更多体现在技术、经济、

---

[1] 参见赫尔德、麦克格鲁，《全球化与反全球化》，第 112 页。

法律和全球公约等方面，如被全世界绝大多数国家所共同接受的经济法、国际法、海洋法、防止大气变暖的全球公约、人类和平利用外太空资源的全球公约等，而在更"软性"的文化方面，其表现则不尽如人意。如对于民主、自由、人权、法制等的理解，西方与非西方世界就存在较大的认知差距。不难想见，在可见的将来，人类在进一步培育一种"软性"的全球文明的同时，很大程度上仍将保留各文明的既有特质，或者说，全球文明的共性中仍将保留各文明的独特个性，全球文明的统一性中仍将蕴含各文明的多样性和丰富性。

尽管如此，从较为严格意义上的"文化"之角度来看，各文明已然呈现出明显的趋同之势。作为全球性的文化符号，有害身体健康的美国式快餐、浅薄的美国流行音乐、用暴力＋性吸引眼球的好莱坞影片[1]几十年来在全世界通行无阻，可是

---

[1] 如我们周知，暴力除了充斥于好莱坞大片以外，也泛滥在美国其他形式的娱乐中："美国的儿童卡通片就是暴力文化发展的一项证明。在美国，每1小时的卡通片平均向儿童展示41处杀戮或暴力场面。据1993年7月12日《美国新闻与世界报道》所刊美国心理学协会的一项研究，一个美国儿童平均每天要看3小时的卡通片，到7年级时他或她就已在屏幕上见过8千次谋杀和10万个暴力场面。身处于暴力图像泛滥中的儿童，有的在噩梦中宣泄心理紧张，有的则染上不同程度的'焦虑症'。随着年龄的增长，当心理紧张再也无法被发泄时，他们就会走向暴力游戏和对暴力行为的直接模仿，走向行动……不仅电视卡通片是这样，电子游戏更是如此。一个处于青春期的美国少年到18岁时，就已杀死4万个游戏对手或敌人。这一切仅需用手指按一按电子按钮就可以办到，更不会产生丝毫负罪感。就这样一来，这些游戏输入了杀戮的习惯、杀戮的文化，以及在少男少女的思维和道德建构中对生命价值的蔑视。这些游戏在培养犯罪，因为它们把目睹犯罪变成完全可以接受的普通事实，甚至是能增强刺激和快感的事。日积月累，人们的剂量不得不一再加重。"（参见谢里夫·海塔塔，《美元化、解体和上帝》，载杰姆逊、三好将夫编《全球化的文化》，第232—233页）

这并不妨碍更为健康的中国或日本式快餐、不那么浅薄的音乐如中国、印度等国的民族音乐，以及诸如《罗生门》《乱》《卧虎藏龙》《霸王别姬》《流浪地球》之类思想性和艺术性都更强的影片同样风靡全世界。这仅仅是东方文化对全球化了的美国流行文化反拨的开始。拉丁美洲的情况也许更令人鼓舞。美国左派理论家弗雷德里克·詹姆逊对北美和欧洲主导的资本主义全球化持批评态度，可是即便他也认为，拉美国家在保护和发扬民族文化、抵制西方文化侵害方面取得了可观的成绩：

> 在文学领域，语言保护了伟大的现代文学作品——如拉丁美洲的文学"爆炸"——这在很多方面逆转了文化输出的方向，并征服了北美和欧洲的市场。在音乐方面，不仅当地音乐比进口的或者说北美的音乐成功，而且，更重要的是，跨国公司确实在这些地方的音乐和唱片业上投资（在巴西，它们一样给电视网络投资）。[1]

实际上，在一个非西方世界迅速崛起的时代，全球化早已不可以被简单描述为这种情形：非西方国家继续单方面、心甘情愿地被"西方化"。

---

[1] 杰姆逊，《对作为哲学命题的全球化的思考》，载杰姆逊、三好将夫（主编），《全球化的文化》，第72页。

九、欧亚整合、全球整合与人类命运共同体

如果说，在过去一个半世纪里，非西方世界对于源于西方的科技、法制观念、经济制度乃至政治理念和制度等大多表现出了"拿来主义"的热忱，那么随着西方的相对衰落、非西方世界的进一步复兴，各文明在价值理念和文化形态上的趋同，将表现出越来越明显的双向性和相互性。而正是因为技术革命、全球经济文化、以联合国为最高代表的超国家机构、活跃的国际非政府组织或"全球公民社会"，以及区域一体化之类[1]的"硬件"意义上的全球化，中国菜、太极拳（或广义的武术）及相应的道家文化、东亚化的佛教、柔道和跆拳道等"软件"意义上的东亚文化才得以走向西方，走向全世界，正如南亚的佛教、数字书写体系、瑜伽、咖喱早已走向世界那样。之所以出现这样的局面，是因为在"硬件"意义上的全球化已经取得很大进展的情况下，国家之间乃至区域之间的物

---

[1] 近二三十年来，全世界的人们都热衷于谈论全球化，可是对全球化一个极重要的内容及表现形式——区域一体化或区域集团化——却不怎么感兴趣。这可能是因为"全球化"这个词听起来更响亮、更直接、更容易理解，而"区域一体化"或"区域集团化"内涵更复杂，被认为是专家们才应关心的事。殊不知，区域一体化或区域集团化本身就是全球化的一个有机组成部分，其本身就是一种全球化，或准全球化。

质、信息和人员交流的频度和规模已完全不是先前所能比拟的。当然，上述情形是与东亚经济力量急剧上升同步发生的。

可以说，迄今为止，东亚对世界的影响仍主要表现在非制度、非价值层面，但是随着东亚区域整合和经济发展水平的进一步提高，基于传统文化资源和现代要素的技术、制度创新不仅将在东亚各国发生，而且随着东亚经济和科技影响力的增长，最终将扩散到欧亚其他区域即南亚、俄罗斯欧洲地区、西亚、西北欧亚（即中东欧与西欧）。这或许可以视为一种欧亚大整合，一种比传统区域整合或地缘共同体规模大得多的跨区域整合，却不是俄罗斯思想家亚历山大·杜金所构想的"新欧亚主义"式的整合，因为它将不以某个大国如中国、日本、俄罗斯或印度为中心，而更可能建立在各地缘共同体，即东亚、南亚、西亚、西北欧亚之间整合的基础上。需要注意的是，欧亚区域各国之间的交通联系已相当可观，除了从中国沿海主要港口出发，途经东南亚、印度、伊朗、阿拉伯半岛的港口城市，最后经苏伊士运河进入欧洲以外，还有中国郑州、北京、成都、重庆途经中亚（或乌兰巴托）、莫斯科至中西欧的两条铁路大动脉；2023 年开建的"中吉乌"铁路——中国—吉尔吉斯斯坦—乌兹别克斯坦新铁路干线——更将加强中国与相关中亚国家、阿富汗、巴基斯坦、印度、伊朗等国家的陆上交通，进一步提升各国与欧洲陆上交通的水平。

更需注意的是，2021 年，亚洲经济总量已经占全球总量的 47.4%[1]，包括俄罗斯在内的欧洲经济总量同年大约占全球总量的 24%，二者加在一起，占全球经济总量的 70% 以上！而正当欧亚各区域间的整合如火如荼时，它们与北美（包括美国、加拿大、墨西哥和二十几个加勒比海国家）、非洲、拉丁美洲的经济、社会文化的进一步整合也将同步发生。事实上，即使在当前，北美、拉丁美洲、非洲与东亚、包括中西欧和俄罗斯在内的西北欧亚、西亚以及南亚的经济、社会和文化整合也已达到了一个可观的水平。因此，跨区域的欧亚整合，以及欧亚与非洲、拉丁美洲和北美的整合，完全可以视为最高阶段的全球大整合。

这种大整合虽然是各大洲、各大区域之间具有一定广度和深度的合作，但从长远看，东亚、北美、西北欧亚和南亚更有可能发挥核心作用。而这种整合的质量，或者说最终能否取得真正意义上的成功，将取决于各地缘共同体内部及之间的整合即合作水平。正是在这种全球大整合中，上百亿人类将实质性而非仅在想象中成为一个大家庭。也就是说，人类命运共同体将具有实质性内涵，将有血有肉，而非像目前的联合国那样，在很大程度上仍只是一个空架子，甚至只是一个理念。可以想见，这种跨区域、跨洲大整合即全球层面的大整合因既有力量格局的震荡、重组，不可能一帆风顺，而将充满矛盾、冲突，甚至可能发生战争。在可以预见的

---

[1] 参见《2021 年，亚洲经济总量占世界比重达 47.4%！增长潜力巨大》，"央视财经"百家号 2022 年 4 月 20 日。

二三十年乃至四五十年内，欧亚整合乃至全球大整合中或将出现的最主要冲突甚至战争，最有可能发生在中国、俄罗斯与西方即美国及其盟友之间。

然而，无论发生什么事，只要人类表现出足够的理性，不打相互确保摧毁的核大战或其他形式的毁灭性战争，那么上述整合进程就不会停滞，虽有起伏跌宕，却将势不可挡地持续进行下去。这意味着，国家间的界限将不断被模糊，主权概念将越来越被淡化，超国家组织将会越来越发达，拥有越来越大的权力。这也意味着，各地缘区域内部各国之间乃至各地缘区域之间的力量对比将会发生变化，这最终必将导致全球地缘政治格局发生变化。从前的"优生"很可能会变得平庸；从前的"差生"很可能会成为"优生"。也不难想见，无论欧亚整合还是全球层面大的整合，都将是一个漫长的过程，不可能一蹴而就。但可以肯定，在这个过程中，三四百年来西方主导的世界经济、政治秩序将发生重大改变，世界经济政治秩序中的不公平、不合理状况将会终结。

仅从东亚来看，中国和其他国家已经拥有相当大的文化影响力，而随着中国成长为全球最大的经济体，再加上本区域其他国家经济规模的持续扩大，东亚文化的影响力必将进一步提升，对全球必将产生更深刻的冲击。如果说，不仅东亚而且其他各大区域都能从全球性的经济、技术变革和区域一体化进程中受益，都能在平等的基础上参与"硬件"性的全球化平台的建设，从而得以实质性地利用这一平台，那么最终，文化形态或"软件"意义上的全球文明将不再是一种西方文明（这个不得已而使用的概念现在看来十分可疑，因为"现代文明"长期以来被等同为西方文明，实则是全球各文明长达两千多年互动的产物）处于支配地位，以西方精神和制度要素为核心内涵的文明形态，而将是一种因非西方精神和制度要素的结构性参与，而充满无限可能性和希望的文明形态。东亚应充分利用这个平台，在勠力提升其作为一个地缘共同体的整合水平的同时，以自己固有的温和品质，积极参与全球文明的形塑和成长。正如佛教已然对西方产生了不小冲击那样，东亚文明的和平主义、中道主义、亦此亦彼的思维倾向最终必将对全世界产生深刻影响，必将很大程度改变西方人那种一以贯之的非此即彼、非是即非、"以动力横绝天下"的思维倾向。

与东亚和平主义、中道主义、亦此亦彼的思维倾向相比，西方思维明显富于攻击性。即使不能说西方的精神气质完全与东亚相反，说它是一个不知内敛、"以动力横绝天下"的文明大体上是符合事实的。很大程度正是因了这种精神气质，西方16世纪以降在全球大搞殖民主义、帝国主义，尽管在1910年左右便达到权力的顶峰，之后便持续衰落，但直到今天，仍然以大约13%的人口，占据着地球上约60%的土地。但这还不是西方故事的全部。西方文明虽富于攻击性，从某种意义上说甚至可谓野蛮，但它也富于进取精神，勇于尝试和创新，不断探索未知，而且从古到今非常重视法律以及其他制度的建设。

这些优点不仅是传统中华文明而且是近代以前其他所有非西方文明所不具备的。

很大程度上，正是因了西方人的这些精神，最近两三百年以来作为整体的人类的巨大潜能才被前所未有地释放出来，包括现代科学技术在内的人类知识才呈现出一种爆炸性增长的态势，人类知识的广度和深度才得到了之前完全无法想象的巨大提升。很大程度上，也正是因了西方人的这些精神，在一个由其开创和主导的世界性经济和科技体系中，发生了初期工业革命即机器大生产代替手工劳动，之后又发生了电气化革命，再后来更发生了原子能、计算机、纳米科学、生命科学、互联网、机器人、人工智能等一次又一次技术革新，人类社会乃至地球面貌随之发生了天翻地覆的改变，人类整体生存状况随之得到了之前完全不可想象的巨大改善，人类身上所蕴藏的无限可能性第一次被实实在在地呈现出来。西方对人类文明的贡献之巨，怎么估计都不过分。

同样需要注意的是，正是因为健全的法制和积极进取的精神，再加上率先实现了工业化与现代化，最近两三百年来，西方国家事实上主导了人类制度文化的进步与发展，赋予其新的内涵、形式和方向，从而在人类历史上首次建立起了一种基于现代法制、现代科技、现代工业、现代商业、现代医疗卫生体系、现代教育和现代体育等的世界秩序，甚至近一个世纪以来与非西方国家一道（即并非由几个西方大国单方面发起），建立了诸多全球性协调、管理和投资机构，如：

联合国	国际民用航空组织
世界贸易组织	国际海事组织
世界卫生组织	万国邮政联盟
世界气象组织	国际清算组织
联合国粮食及农业组织	世界海关组织
联合国教科文组织	世界知识产权组织
国际奥委会	国际农业发展基金
世界银行	联合国工业发展组织
国际货币基金组织	世界旅游组织
亚洲基础设施投资银行	国际劳工组织
亚洲开发银行	国际植物新品种保护联盟
国际电信联盟	国际标准化组织

应看到，这种世界秩序虽有其积极意义，发挥着促进人类文明进步的重要作用，却并非完全是公正、合理的，西方国家在上述大多数机构中所具有的话语权太大，不符合其人口规模乃至综合实力，且随着非西方力量的日益增长，越到后来西方过大的话语权与其实力不相匹配的矛盾会越突出，因此必须对这种世界秩序不断加以调整、改造和完善，以适应日益变化的世界形势，满足日益发展的人类社会的需要。

除上述全球性机构外，半个多世纪以来，人类还达成了多个区域性贸易协定，成立了多个区域性经济政治合作组织，如：

区域全面经济伙伴关系协定	西非国家经济共同体
东南亚联盟	东非共同体
中日韩自由贸易协定	东南非共同市场
中国—东盟自由贸易区	北美自由贸易区
经济合作组织	安第斯共同体
伊斯兰合作组织	南美洲国家联盟
经济合作与发展组织	南亚区域合作联盟

在促进区域整合方面，诸如此类的区域性合作组织或协议已然在发挥重要作用，未来若干年更将发挥越来越大的作用，合作的效应将在越来越大的程度和规模上溢出、扩散，各大地缘区域必将更紧密地捆绑在一起，全球整合必将在此基础上得到进一步加强；最终，一个你中有我我中有你，互惠互利、合作共赢的全球共同体必将浮现。

在继承、改造、发展既有世界秩序的基础上，包括东亚在内的欧亚各区域间的整合进程必将得到进一步深化，必将获得越来越多的实质性内涵，而欧亚大整合又必将进一步加深加强全球层面的整合。这种全球整合虽将因欧亚整合而得到深化和强化，但在此之前便一直处在不断推进的过程中，甚至可以说已取得了可观的成效。换句话说，全球层面的整合并不是以区域整合乃至欧亚大整合为前提条件的。从时间上看，全球整合也并非必然发生在区域整合之后，亦即这两种整合可以同时进行。事实上，这两种整合也的确在同时进行。全球整合的内涵为何，已达到了何种程度和规模，或可能达到何种程度和规模，是一个见仁见智的问题。但有一点可以肯定：这将是一个漫长的过程。

全球化是人类进化史上的一个宏大趋势，具有历史必然性，虽有起伏跌宕，却是谁也阻挡不了的。只有不断加强区域整合、欧亚整合乃至全球整合，在未来岁月里，人类这个特殊物种才不至于在核大战或其他形式的毁灭性战争中自取灭亡，才不至于被全球性的生态灾难所摧毁。只有不断加强整合，人类才能健康茁壮地成长和发展，才能真正四海一家、天下一家，最终建立起一个实质意义上的全球文明，一个互利共赢、经济繁荣、政治稳定、普遍安全、开放包容、生态平衡、环境优美、互赏互鉴、和谐和睦的命运共同体，一个借以将自己的无限潜能释放出来的大同世界。只有不断加强整合，人类才可能不辜负"万物灵长"的称号，才不至于在潜力尚未充分开掘之前便已夭折。

附录：作为地缘政治理论的
新欧亚主义

2022 年，尚道社会研究所所长寒竹老师和湖南师范大学潇湘学者特聘教授、博士生导师阮炜教授共同探讨了近年来与俄罗斯密切相关，且非常重要的一个政治思潮"新欧亚主义"。两位老师一方面分析了作为一种哲学与政治思潮的欧亚主义的来龙去脉，指出了新欧亚主义要解决的现实问题，同时也探讨了新欧亚主义在地缘政治理论上的基本主张、产生的现实土壤以及其理论上的困境和误区。

主持人（曹朝龙）：下面我们就请寒竹老师、阮炜老师一起来探讨到底什么是"新欧亚主义"，它的核心观点是什么，或者说新欧亚主义的来龙去脉是什么，新欧亚主义的提出到底要解决什么样的问题。恰好，阮老师在他的两本新书《文明理论》《文明的意志》当中也提到过关于俄罗斯文明的起源和发展，所以今天我们就先有请阮炜老师来给我们分享一下他的观点。

阮　炜：谢谢朝龙介绍！最近大家都很关注乌克兰危机，很多人也注意到了"新欧亚主义"，但是我们眼光还可以放得更远一些，看得更深一些。我做有关文明的研究，发现俄罗斯作为一个文明，是一个很晚近的现象。在16世纪以前，我们几乎不知道它的存在。现在叫作西欧的这个区域，之前至少还有过希腊罗马文明，或者说，西欧更直接地继承了希腊罗马文明。我们甚至还可以把欧洲文明追溯到两河流域和埃及。但是，俄罗斯好像是从无到有地突然出现了。当然，在此之前，俄罗斯经历了一个东正教化的过程，从野蛮变得文明了，再后来，又被蒙古人统治了两百四十年。但它真正在历史前台亮相是16世纪的事。它一出场，领土增长就非常快，到了18世纪，已经扩展到东北亚，甚至跨过白令海峡，到了阿拉斯加。

　　总而言之，俄罗斯从亚欧大陆西边一个相对偏远的地带，几乎从无到有地崛起，一下子就有了极为突出的表现，这对于中华文明而言实在太突然了。说到中华文明，即使我们从周代算起，也有三千二百来年的历史，可是俄罗斯文明，从16世纪崛起到现在，才四百来年，根本不能比。之前，所谓俄罗斯可能只是一些部落或部落联盟，最多只是一些早期国家。俄罗斯文明兴起后，对人类历史产生的冲击力之大，恐怕只能用伊斯兰文明的兴起可比。

俄罗斯之所以能迅速扩展到这么大一个范围，有很多重要的条件。其中最重要的，是地理自然条件。俄罗斯的广袤土地有一个显著特征，那就是，地形地貌和自然条件上惊人的一致。虽有乌拉尔山脉看似把俄罗斯分割成了欧洲部分和亚洲部分两大板块，但实际上，乌拉尔山脉只是一个平均高度仅600米左右的狭长山脉，穿越起来非常容易，并不足以构成一道天然屏障。气候条件同样非常有利于俄罗斯人的东扩。俄罗斯虽然西起波罗的海，东至太平洋，疆域极为广袤，但如此广大的一片土地，却有着相同的大陆性气候，即夏季短暂而炎热，冬季漫长而酷寒。地形地貌和气候上的一致性，使俄罗斯人往东拓展，并不觉得有特别大的困难。他们在长达5 000英里的一个超长地带感到同样舒坦。

除了地理自然因素，我认为，俄罗斯迅速扩展的一个最重要条件，便是蒙古人的统治带给俄罗斯人的政治能力。为什么这么说？从13到15世纪，俄罗斯人被金帐汗国统治了两百四十年，然后把他们推翻了。实际上，蒙古人征服亚欧大陆各农耕区并统治一段时间以后，无一例外都会有这样的结局：丧失其自身原来的韧劲和能力，被农耕民族推翻了。游牧民族一旦占领并统治农耕区，都会失去活力。这是规律。但俄罗斯正是在推翻金帐汗国的统治后才迅速变成一个大国强国。今天看来，俄罗斯之所以获得出人意料的力量，原因有两个。第一，是金帐汗国的统治时期，给俄罗斯带来先进得多的政治理念和制度，建立并运转了一个大型国家；可以说，俄罗斯人推翻金帐汗国后全盘继承了后者的政治遗产，包括其政治理念和制度。第二，蒙古人 13 世纪在亚欧大陆征战之时，将此前中国积累的种种先进技术加以发展带到了俄罗斯。蒙古人利用并且发展了这些技术，才能够所向披靡，征服了欧亚大陆很大一块地方。俄罗斯人受蒙古人的影响非常之深，包括接受他们更先进的政治理念和技术。正是在推翻金帐汗国的统治以后，俄罗斯才迅速壮大起来，然后不断扩展空间。

但是到了 17、18 世纪，俄罗斯扩展到西欧、吃过几次大败仗后发现，当时西欧的文明比他们先进得多。为了获得在波罗的海的出海口，打了好几次战争，都失败了。于是，彼得大帝微服私访，带领一队工匠，访问了荷兰、英国等地。彼得个子高大，非常聪明，非常好学，所以他的队伍很快就掌握了西欧先进的造船技术。至于西欧的其他方面，他们也在观察、学习。彼得回到俄罗斯后，便开展了所谓的"西方化运动"，甚至强行推行欧洲化，短时期内便取得了不小的成果。这多少解释了为什么在彼得以后，俄罗斯进一步强大了起来。在 1720 年的"北方大战"中，俄罗斯取得了重大胜利，把当时的强国瑞典等打败了，获得了波罗的海的出海口。可以说，从这时起，俄罗斯成了一个欧洲国家。虽然它到底是不是一个真正的欧洲国家，一直都有争议，但是从彼得开始，俄罗斯终于和欧洲挂上钩了。俄罗斯不仅与欧洲国家接壤，现在还有了波罗的海的出海口。此后，女皇叶卡捷琳娜二世进一步扩张，俄罗斯的领土在欧洲和远东都大大增加。现在，俄罗斯已是一个名副其实的大帝国。

但是俄罗斯人从这个过程中也看得很清楚，它在文化、经济方面明显不如西方。所以他们内部渐渐兴起了一个派别，即所谓"西方派"，主张一切都学习西方。可是到了一定的时候，这个派别的做法引起了强烈反弹，于是又出现了所谓的"斯拉夫主义"。斯拉夫主义有点像中国晚清一直到民国的保守派、守旧派，或者说国粹派。斯拉夫主义者认为，俄罗斯民族和俄罗斯文化是优越的，而西方文化是堕落的；要坚持俄罗斯的优秀文化传统，而对西方腐朽堕落的东西要拒绝。但西方派也好，斯拉夫派也好，并不都是那么纯粹、绝对。西方派里的人也不是完全排斥俄罗斯传统的一切，斯拉夫派也未必就完全拒斥西方所有的好东西。但是大体上可以分出这两种思潮。

接下来，俄罗斯在追求现代化的过程中废除了奴隶制。1860 年代沙皇亚历山大二世正式废除了农奴制。之后，俄罗斯的工业化乃至它的整个经济都有了比较快的发展。到了1900 年代，不难发现，俄罗斯的发展势头虽然非常好，但是相比同时期的英国、法国、美国等，它的发展速度明显太慢，甚至相对于刚刚才搞了二三十年明治维新的日本来说，俄罗斯发展的效果和速度也很一般。这就是为什么 1905 年，俄罗斯在日俄战争当中输给了日本。在 1914 到 1918 年的第一次欧洲（世界）大战中，俄罗斯的表现甚至很差。在这种情况下，更由于战争这个直接因素，俄罗斯国内发生了革命。首先是1917年的二月革命。这场资产阶级革命没能满足广大工农群众的基本诉求，所以几个月后，布尔什维克又发动起义，一举推翻了二月革命的掌权者，接管了政权。这就是"十月革命"。

我认为，十月革命是一个重大的文明史事件。它根本性地改变了人类历史进程，不仅深刻影响了中国革命，更是对世界各地的革命都产生了重大影响。这个过程中，俄罗斯本土尤其是在流亡海外的俄罗斯人当中兴起了一股思潮。这就是"欧亚主义"。欧亚主义既不同于斯拉夫主义，也不认同西方派。欧亚主义的实质，是要重新寻找和定位俄罗斯的民族身份、文化身份。仅从"欧亚主义"的名称就可以知道，俄罗斯既不完全属于欧洲，也不完全属于亚洲；或者说，俄罗斯既属于欧洲，也属于亚洲。在地理上，俄罗斯恰恰处于欧亚之间，在文化上既可方便地接纳东方元素，也可以方便地吸取西方元素，更不用说在其历史早期，俄罗斯全盘引进了东正教，摆脱了蒙昧，而东正教又是古希腊罗马文明的一个延伸或变种。

无论从人种还是从文化-宗教形态看，俄罗斯似乎都不属于亚洲的文明，如伊斯兰、中国或印度文明。那么俄罗斯就是西方文明的一部分了？答案远不是这么简单。或者说，俄罗斯是一个既属于欧洲也属于亚洲的文明？追溯历史，不难发现，从17世纪后期彼得大帝起，俄罗斯人就已经在经历一个苦苦寻求自己文化身份的过程。这个过程或任务是长期性的，不可能在短时间内，或者说经过了彼得大帝或者叶卡捷琳娜二世的改革，就完全解决了。比如农奴制就是一个大难题，极难解决，甚至在 1860 年被亚历山大二世正式废除后，也不能说就根本解决了。在这以后的几十年，俄罗斯一直面临着发展迟缓的问题。这个问题越到后来就越麻烦，越严重，直到发生十月革命。俄罗斯的帝国传统貌似被斩断，于是欧亚主义反其道而行之，要坚持这个传统，所以它在流亡海外的俄罗斯人当中流行，便不难理解。只不过，欧亚主义在很长时间内影响并不大。

刚才提到十月革命非常重要，因为触发了中国革命，大大改变了人类历史进程。但十月革命还有另一个重大意义，那就是，它第一次使得俄罗斯以一个独特文明的形态与西方形成了对峙。十月革命之前，一代一代的沙皇和俄罗斯精英一直以为，俄罗斯就是西方的一部分。彼得大帝以后历代俄罗斯统治者都认为，他们深深参与了西欧政治军事角逐，是西欧国际舞台上的一个大玩家。事实上，他们一会儿与哈布斯堡王朝、德意志帝国结盟，一会儿又与法国英国等友好，分分合合，合合分分，不亦乐乎。他们并没有想清楚，自己到底属于什么人，他们的文化到底是一种什么文化，他们的文明到底是一个什么样的文明。对于这一切，他们都没有一个清醒的认识。十月革命以后，虽然苏联人未必就意识到了自己构成了一个独特的文明，未必就意识到苏联代表着一种不同于西方，不同于中国、印度、阿拉伯等的一个特殊的文明，而并不是欧洲文明的一个组成部分，但事实上，**苏联所表现出的力量已经表明：它代表着一个不同于西方、与西方进行着结构性博弈的文明。**

由于种种内在矛盾难以克服，苏联从成立到解体，即从1922到1991年，只存在了69年。解体之后，俄罗斯在自身以及西方大国的压力之下进行了结构性改革。但是我们后来发现，俄罗斯的改革并不怎么成功，前十年甚至可以说非常失败。后来，普京掌权了，于是俄罗斯走了一条既不同于叶利钦的自由主义更不同于苏联时代的道路。经济上有了很大的恢复，在军事上、政治上似乎又重新强大起来。即便如此，苏联解体后的俄罗斯人再次面临一个重大问题，那就是，怎么面对西方阵营的压力，西方在政治、经济、军事、文化等方方面面对俄罗斯构成的压力。所谓"新欧亚主义"就是在这种情况下诞生的。

新欧亚主义，其实是和古典欧亚主义，也就是之前所讲的欧亚主义，有一个继承和发展的关系。在一定程度上，也可以说，新欧亚主义脱胎于俄罗斯传统的斯拉夫主义。但不同于斯拉夫主义的是，新欧亚主义并不认为，民族主义是解决俄罗斯文化或者公民身份问题的一个首要因素。以杜金（Aleksandr Dugin, 1962—，俄罗斯政治学者、欧亚主义国际运动智库主席）为代表的新欧亚主义者的思路远远超出了通常所谓民族主义。新欧亚主义完全不像西方主义那样，主张毫无保留地学习西方，而是要努力保持自身的文化、宗教传统，不要做西方文明的简单翻版。从这个意义上讲，它继承了欧亚主义或旧欧亚主义的衣钵。但在新形势下，新欧亚主义者提出了一个全新的纲领，一个可以说是反西方或者说反"大西洋主义"的全新纲领。在思想层面，它企图形成一个广泛的统一战线，既要融合西方意义上左右两派的思想精华，同时也吸纳丰富而深厚的俄罗斯传统文化和宗教资源，再在这个基础上，建立一个跨文明、跨区域，甚至跨帝国的一个超大联盟。

看上去，这是一种非常宏伟的构想，完全不是传统意义上的文明的概念，而是一个跨文明的概念，一个跨帝国的概念。所谓跨帝国，就是除了俄罗斯本身是一个帝国，在东边，他们要整合日本人，形成俄—日轴心；往南，要整合伊朗和印度，形成所谓的俄—伊轴心、俄—印轴心；在西边，要整合土耳其，形成一个俄—土轴心；再往西，新欧亚主义者甚至希望能整合德国，把二战结束时夺来的加里宁格勒还给德国，进而再整合法国等；如此这般，最后将形成一个真正意义上的欧亚大同盟。这是地缘政治层面的一个至为宏大的构想，背后隐约有所谓"第三罗马"。这是俄罗斯人历史悠久的自我期许。它肯定是反对大西洋联盟的，反对美欧的。在思想意识层面，新欧亚主义者肯定是反西方自由主义的，或者说反主流形态的自由主义的，但也接受左派和右派的一些基本理念，从而形成他们自己的一套世界观，一种混合形态的世界观。新欧亚主义大致可以这样描述。

主持人（曹朝龙）：感谢阮老师的发言，阮教授刚才从俄罗斯文明的起源讲起，包括提到俄罗斯文明受到蒙古人的影响，然后追溯到彼得大帝改革之后的西方化运动，以及十月革命以来俄罗斯国民意识的变化。整个内容其实给了我们一个长视野的图景，让我们看到欧亚主义产生的历史背景和思潮渊源。下面我们就请寒竹老师给我们分享一下"新欧亚主义"产生的理论渊源到底是什么，它的产生有没有什么合理之处？

寒　竹：阮炜教授刚才从俄罗斯文明角度讲了欧亚主义的来龙去脉，我再接着来跟大家谈一谈我自己的看法。我认为新欧亚主义的产生，最主要的就是在苏联－东欧剧变之后，苏东国家所面临的怎么样重建一个新国家的问题。其他东欧国家，基本上都一边倒地不同程度地接受了西方的文化和意识形态，或者说西方的政治制度，大部分的国家采取了类似于法国的半总统制或者总统制，或者是议会制。但是，对俄国来讲，它觉得自己是一个大国，有不同于西方的独特文明，不可能完全照搬西方的这一套。俄罗斯应当要建立一个自己独有的意识形态，然后建立一种新的政治框架，这是新欧亚主义能够在 90 年代以后重新再起来的一个大背景。从这个背景看，它有很强的历史需要，它的产生有其必然性。所以，我认为新欧亚主义的产生有其合理性，因为它有一种重新建构国家认同的使命。新欧亚主义思潮兴起之后确实对俄罗斯的政治走向和国家建构产生了很大的影响。这一点可以从俄罗斯统治精英思想的变化看得很清楚。大体上，在 2004 年以前，俄罗斯的统治精英基本上认为俄罗斯是一个欧洲国家。

但是大约从 2004 年以后，俄罗斯统治精英慢慢开始接受"新欧亚主义"，逐渐放弃了俄罗斯是一个欧洲国家、是欧洲文明一部分的主张。也就是说，"新欧亚主义"实际上对俄罗斯国家的走向产生了一个现实的影响。

刚才阮炜教授已经简单讲了俄罗斯历史的基本脉络。实际上，从基辅罗斯开始，一直到今天的整个俄罗斯文明，缺少一个东西，它始终没有真正地完成现代民族国家的精神建构。直到今天，相当部分的俄罗斯人对国家的概念还是停留在"帝国"概念上面。"帝国"这个概念，我以前也讲过多次，它是一个来自古罗马的概念。"帝国"是没有确定的边界的，是有理由扩张的。帝国通常包括了不同的"板块"，除了帝国本土的核心外，有相当大的疆域实际上是一种间接统治。比如罗马的行省，罗马元老院通常是派出总督和几个为数很少的官员驻在行省，主要是通过武力要求行省向罗马本土上交赋税，行省内部的政治结构跟罗马并不一样，帝国对行省也没有这样的要求。所以，帝国跟现代民族国家，也就是人们今天讲的主权国家是不同的概念。比如西方的新清史，就是把清朝看成是一个帝国，这是非常错误的。帝国在中文里是一个外来语，严复翻译 Empire 就没有翻译成帝国，因为中国并没有帝国的对应物，所以严复在翻译 Empire 时，是音译为"因拜尔"。中国从来没有建立过帝国，中国社会的国家结构形式从秦汉以来就是中央集权的郡县制，中央对疆域内的所有地方派遣官员实行垂直统治。正是因为清王朝从来不是一个帝国，所以在清王朝灭亡后，中国境内各地并未爆发大规模的独立运动，中华民国也比较顺利地承接了清朝的版图。这跟二月革命、十月革命后的俄罗斯有根本的不同。

沙皇俄国则是一个典型的帝国，沙皇就是恺撒的音译，俄罗斯也自称"第三罗马"。所以当 1917 年的革命爆发后，俄罗斯的很多地方都出现了民族解放运动。实际上，俄罗斯帝国并没有完成现代民族国家的建构。因为俄罗斯作为一个现代民族国家，或者说现代意义上的主权国家，它的建构过程非常困难。俄罗斯的国家历史非常短，从 16 世纪开始算，只有四百多年的时间。如果再推前一点，我们发现这个国家很特别，从一开始基本上就是一个外来文化的产物。东斯拉夫人到 6 世纪左右，基本还是一个氏族部落。到了 9 世纪、10 世纪基辅罗斯的时候，它基本上全方位引进了当时拜占庭帝国的很多文化，也引进了东正教，最后它以"第三罗马"自居。实际上，从拜占庭文化与俄罗斯的关系来看，它属于受外来文化影响。这个遗产很快又遭到了蒙古人的入侵而有所中断。蒙古人统治俄罗斯大约 250 年左右，当俄罗斯又获得独立的时候，再次把东正教延续下来，复兴了俄罗斯从东正教延续过来的传统。我们经常提到沙皇俄国，而沙皇就是恺撒的音译，从罗马帝国而来，就是"大帝"的意思。这片领土，实际上是西方意义上的帝国的概念，不是一个主权国家，不是"Nation State"的概念。

这个帝国在一战的时候崩溃了，1917年接连发生了二月革命、十月革命。在"新欧亚主义者"看来，这段历史把俄罗斯本身的文化传统中断了。古典欧亚主义基本上都是十月革命后流亡在海外的俄罗斯贵族和一些文化人。后来的苏联也没有完成这个任务。

也就是说，苏联解体之后，俄罗斯应该首先要完成一个民族国家的建构，要实现真正的民族复兴。对它来讲，这个是最重要的。

主持人（曹朝龙）：那么，如果说"新欧亚主义"的兴起与俄罗斯的民族国家的建构有关，那么其缺陷和不足体现在什么地方呢？

寒　竹：除了刚才我讲的这个原因之外，新欧亚主义的缺陷在什么地方？实际上，从古典欧亚主义到新欧亚主义都没有讲清楚欧亚主义核心的价值体系究竟是什么，它缺乏一个内在的价值体系来构成这个国家的民族精神、国家的意识形态。显而易见，一个国家的意识形态不能够仅仅靠地缘政治理论来构建，地缘政治无法构建一个国家的意识形态。现在很多人有些误解，一讲到新欧亚主义，就讲到俄罗斯横跨了欧亚，所以它以双头鹰为自己的国徽，一个面向西方，一个面向东方，它是欧亚的一个结构体，似乎这就是俄罗斯文明的核心。这一点是被过分解读了。实际上双头鹰的徽章并不是俄罗斯的独创，而是来自拜占庭帝国。而且不仅是拜占庭帝国用双头鹰，神圣罗马帝国，后来的哈布斯堡王朝，包括沙皇俄国都是把双头鹰作为象征国家的徽章，这个双头鹰更早也许可以追溯到赫梯帝国。但要靠双头鹰、欧亚主义、横跨欧亚的地理特征来建构俄罗斯的民族精神、国家意识形态是很困难的。"新欧亚主义"一定要有内涵和价值才能凝聚俄罗斯民族。"新欧亚主义"的论著很多，但大多是在谈俄罗斯的欧亚地理特征和民族特征，但这个"新欧亚主义"核心价值观、意识形态的核心内涵是什么，它是语焉不详的。虽然它讲到了不能照搬西方，拒绝甚至要挑战英美的大西洋主义，是兼容了西方和亚洲的，但到底核心的概念是什么，始终没有把这个问题讲清楚。所以从古典欧亚主义的开始就有着这样一个根本性缺陷。

第二个方面，我认为新欧亚主义在对待历史时也犯了很大的错误，特别是我们把它和中华文明来做一个对照的时候，发现它犯的错误是非常严重的。表面上，新欧亚主义是继承历史的，其号称俄罗斯有很光荣传统，要复兴俄罗斯传统，而这个传统就是，欧亚大陆是一个大的类似帝国的共同体。可能有些人不会赞同我这个观点，有机会大家可以进一步讨论。我认为，新欧亚主义，恰好在这个问题上隔断了历史，是一种真正的"历史虚无主义"。它不是在发扬历史，比如杜金讲他是保守主义，但是他的保守主义要保守什么东西？除了东正教以外，新欧亚主义的核心概念是什么？他没讲清楚。谈到保守主义，比如英国埃德蒙·柏克（Edmund Burke）的保守主义就非常明确，柏克保守主义的核心是个人自由。也就是说，他认为追求民族国家也好，革命也好，民主也好，个人的自由是不能被牺牲的，所以，柏克的保守主义有它的核心概念。法国革命也有它的核心的概念在里面。中华文明也有中华文明的核心内容，不管是古代儒家的仁、义、礼、智、信也好，还是现代社会主义核心价值观也好，都有它有它自己的一套内在的价值观。但是"新欧亚主义"究竟有什么内涵，似乎有些语焉不详。

第二点，我为什么说它是非历史主义的。它对18世纪俄罗斯西化的过程，从彼得大帝一直到西欧派，整个这一段，实际上采取了一种排斥态度。古典欧亚主义和新欧亚主义，都对彼得大帝的做法有很多批评，认为有些全盘西化了。实际上，我认为这个批评恰好是隔断了历史。我们做个对比就很能够理解了，拿中国来看，中华文明，如果从商周开始到晚清，至少有3000年左右的历史。这么一个传统文明，到晚清的时候，已经面临深刻的危机和全面的挑战了。西学东渐以后，我们中国也跟日本一样，基本上全方位地走上了向西方学习的道路。我讲这个西方是广义的，包含了自由主义、民主主义，也包含了马克思主义，所有这些我们都认为是来自欧洲的。当这个文化进来之后，我们怎么对待这个东西？虽然它是外来的，但是中国共产党人选择拥抱了这个文化，并且凭借将其与中国的实际相结合，最后取得了革命的成功，在这个过程中，做了很重要的事情，就是把这个外来的文化中国化了，就像当年我们把佛教中国化了一样，把它变成了中华文化自身的东西。所以，从这个意义上看，中华文明是一个流动的概念，它不是一成不变的，它的内涵和外延都在不断演变。今天我们讲中华文明、中华文化，已经内在地包含了来自欧洲的马克思主义。从这个意义上看，中华文明坚持了化西学为中学，把它变成了我们自己的一个部分。我这里再举很简单的一个例子来说明这个问题，我们讲中国民族乐队，除了之前的琵琶、二胡等等来自西域的乐器以外，你会发现所有的民族乐队编制里面都有两个很重要的西洋乐器，一个是大提琴，一个是倍大提琴。西洋的大提琴、倍大提琴，已经成为中华文明的民族乐队里面不可缺少的一个乐器，它已经变成中华民族乐器当中的一部分。所以，我认为关于"新欧亚主义"要将苏联从1917年到1991年的这么一段历史抛弃掉，直接跟1917年革命前的沙皇俄罗斯接轨是非历史主义的。其实历史的每一段都有它的合理成分。俄罗斯从彼得大帝开始，到后来我们讲的西欧派，恰达耶夫，还有一系列的很多伟大的作家别林斯基、屠格涅夫等等。这些西欧派本身，无论它怎么全盘西化，它仍然是完全不可能隔断与俄罗斯文化的关系，这种文化渊源是割不断的。日本也是一样的，日本甚至提出了脱亚入欧，它仍然没有割断。提出脱亚入欧的思想家福泽谕吉，日本到今天还把他印在日元的钞票上面作为头像。所以我认为，如果认为彼得大帝全盘西化，认为别林斯基、恰达耶夫他们要想全盘西化，想搞一个纯正的斯拉夫，那究竟什么是纯正的斯拉夫文化？其实就是没有斯拉夫文化。斯拉夫文化归根到底是拜占庭文化，是从古希腊来的，是从东罗马帝国来的。所以在这个问题，"新欧亚主义"这么一个构架，很难给当下的俄罗斯提供一个信仰。

最后一个问题是，"新欧亚主义"这么一种理想，同现有国际秩序、联合国的宪章，同现代国家的主权理论是有冲突的。

我就再补充这么一点，看看阮炜老师有没有什么看法？

阮　炜：寒老师讲了好几点，非常有意思，我做一个回应。首先，寒老师提到俄罗斯没有真正完成现代民族国家的转型。关于这个问题，如果我们以严格意义上的民族国家作为一个标准来看，要说它没有完成这个转型，我认为是符合事实的。但是这里存在一个更大的问题，也就是说，人类文明历史上所谓的民族国家，是相对晚近的事情。严格地讲，民族国家的真正成型应该是最近两百多年的事，更严格一点说，是最近一百来年的事。在此之前，抛去原始社会不谈，人类历史上一直都不存在所谓"民族国家"。一般都是王国，或者是相当于多个王国规模的帝国。而在国家之下，可能有一些部族联盟、部落等等。这是常态。民族国家这个理念是从欧洲兴起并传播到全世界，在不同程度上为其他国家，包括中国所接受。民族国家的理念起源于欧洲，这是毫无疑问的。但民族国家到底意味着什么，需要作一个探讨。在法国大革命之前，所谓民族国家，其实是民族君主国。比方说，英国、法国、西班牙。1492年伊莎贝拉和卡斯蒂利亚王国合并以后，就有了现代西班牙。这些其实都是在君主统治下民族成分相对比较单一的政治单位所构成的国家。严格地讲，可能只有法国、西班牙、荷兰才是真正同文同种同地域的民族国家。英国不是典型的民族国家，而是一个假装成民族国家的小帝国，或者说由几个小王国组成的"联合王国"。但与此同时，我们发现，欧洲在所谓民族君主国兴起的时候，还有另外一条线索。

这个线索就是，神圣罗马帝国、哈布斯堡帝国。我们知道，中世纪的神圣罗马帝国从来没有实现过真正的统一，而是一个松散的政治结构，甚至连一个邦联也未必算得上，主要是德语区的众多封建小王国组成的一个联合体。当然，神圣罗马帝国也可能把势力范围扩展到意大利的威尼斯，甚至更远的地方如西西里岛、巴尔干半岛一带。但是，它从来都是一个非常松散的结构。我们知道，在中世纪，神圣罗马帝国的所谓"皇帝"是选举产生的，而在几百个主权独立的德语诸侯国当中，只有七个比较大、比较有势力的封建王国才有资格参加"皇帝"选举。它们叫作"选帝侯国"。我如果没记错，其中有五个是世俗王国，两个是主教驻地的宗教性王国，即由主教充当君主的国家。但渐渐地，几百个德意志诸侯国实现了统一。德意志国家的精英们都知道，不像英国、法国、西班牙那样实现统一，一盘散沙的德语国家没有前途可言。最终，1871 年普法战争以后，德国正式实现了统一。有意思的是，民族成分单一的现代德国，最初一直都被叫作"帝国"。它的成立仪式，竟然是在被它打败的法国的凡尔赛宫举行的。这非常讽刺。我想说的是，民族国家这个概念，我们不能把它当作一种普遍的价值，不能假定，它是人类社会必定要经历的一个阶段或者过程，非得要经历不可。首先必须破除这个假定。因为人类社会、人类文明具有多样性，人类政治制度的演进也具有多种可能性，民族国家只是其中之一。其他国家形式，如果仅从时间长短来看，更像是一个常态，而民族国家则是一个新近的现象。我一会儿再讲一讲它的一些内在缺陷和问题。

刚才讲到神圣罗马帝国，比它稍晚，欧洲还出现了另外一个庞然大物，一个政治结构和领土人口意义上的庞然大物，即哈布斯堡帝国。哈布斯堡帝国前前后后有好几百年历史，它的核心区是现奥地利一带，势力范围从现在的匈牙利，通过联姻等手段，一直把势力扩展到欧洲很多地方，包括西班牙半岛、荷兰等。由于西班牙当时已是一个殖民帝国，所以说哈布斯堡帝国统治过其他帝国。事实上，被它统治的还有神圣罗马帝国、奥地利大公国、奥地利帝国、奥匈帝国等。在相当长一段时间里，它非常强盛。请大家注意，欧洲音乐有一个顶峰时代，那就是海顿、莫扎特和贝多芬时代。这三个伟大音乐家都跟哈布斯堡帝国有极密切的关系，因为他们都是在哈布斯堡帝国的首都维也纳获得成功的，他们都是在这里实现其音乐自我的。实际上，维也纳是西方古典音乐史上的头号中心。我们也知道，哈布斯堡帝国在它是第一次欧洲大战，也就是通常被错误地叫作"第一次世界大战"的那场战争中崩溃了。不难发现，今天欧洲几乎所有民族国家之间的冲突都可以追溯到哈布斯堡帝国的崩溃。巴尔干半岛上发生过的历次战争，包括1991 年苏联解体以来这里发生的战争，甚至包括现在的乌克兰危机，都跟哈布斯堡帝国战败崩溃，有密切的关系。

当然，第一次欧洲大战还有一个重要的参与方，即奥斯曼土耳其帝国。第一次欧洲大战摧毁了四个帝国。哈布斯堡帝国首当其冲，是第一个被摧毁的帝国。第二个被摧毁的是德意志帝国。第三个是奥斯曼土耳其帝国，摧毁这个帝国的后果是，整个中东分裂成二十几个所谓的民族国家。1945 年以后历次中东战争，包括以色列和阿拉伯之间的战争、两伊战争和1991 年的第一次伊拉克战争、2003 年第二次伊拉克战争，战争爆发的原因都可以上溯到奥斯曼土耳其帝国的崩溃。还有第四个帝国，它就是罗曼诺夫王朝的俄罗斯帝国。但是俄罗斯帝国崩溃以后，我们看到它以一种新形式出现了，那就是苏联。苏联领袖列宁有一些理念，如民族平等和民族自决的理念。这些理念最终说来产生于启蒙运动和欧美的三次革命。第一次是17 世纪的英国革命，第二次、第三次是 18 世纪的美国革命和法国大革命。虽然苏联率先将这些理念付诸实施，但它们并不是俄罗斯本土的产物，而是欧洲历史发展进程的产物。由于有这个民族平等和民族自决理念作基础，所以我们看到，苏联具有一种双重特性。一个特性沿袭自俄罗斯的帝国传统，就是高度集权；另一个特性，就是 15 个加盟共和国在法律上有自主性，它们个个在法律上都是联盟主体，自愿加入苏维埃社会主义联盟这个大家庭，也可以自愿退出。15 个加盟共和国中有 3 个甚至不仅是联盟主体，而且是国际法主体，在联合国各自都有独立的投票权。它们是俄罗斯、白俄罗斯和乌克兰。这些事实说明了什么？似乎说明，当今世界很多麻烦都出自第一次欧洲大战结束时四个帝国的解体。

苏联现象，对产生于欧洲的民族国家理念是一个很大的反驳，甚至可以说是一个巨大的反例。还可以看看印度。印度是不是一个欧洲式的民族国家，像法国、德国、西班牙、荷兰那样的民族成分单一的民族国家？显然也不是。它也是民族国家的一个巨大的反例。虽然在国际上，印度是以一个主权独立的一个超大民族国家的面貌出现的，但它有十五六个邦，几乎每个邦都相当于欧洲的中等国家甚至大国。印度的政治体制也是联邦制，跟美国差不多，跟德国差不多。在联邦制国家里，每个州或者邦都是一个有相当大自主性的政治体，有自己的立法和行政系统、自己的法庭、自己的警察和财政、税收等，自治程度大于中国的省，也大于中国的自治区。所以印度、俄罗斯（即便是苏联解体后的俄罗斯）等，都是民族国家理念的反例。民族国家理念有其内在的合理性，因为它强调民族平等、独立、自主，所以 20 世纪初尤其是第一次欧洲大战以来至少在形式上得到了世界上所有国家的拥护和赞成。

这个问题还可以更深入地讨论。因为还存在更多的反例，欧洲内部也存在反例。我刚才提到，英国就不是一个典型的民族国家或国族。它是一个所谓的"联合王国"，该联合王国是由四个王国组成的。从法律上讲，它们都是政治独立的，有点类似于苏联的加盟共和国。比如苏格兰、威尔士，还有北爱尔兰。目前，苏格兰相对来说有比较强烈的独立意识。北爱尔兰也有一定的独立倾向，跟英格兰有"世仇"的新芬党掌权时更是如此。英国虽然是一个"联合王国"，但从国际法来看，却又是一个主权统一、独立的"民族国家"，或者说只有"联合王国"是国际法主体，苏格兰等都不是。英国今后往哪个方向走，还有得看。除英国外，西班牙有若干个国中之国，最著名的一个就是加泰罗尼亚，就是以巴塞罗那为首府的那一部分。它的独立意识也非常强，想从西班牙独立出去。西班牙这个国家是 1492 年女王伊莎贝拉和卡斯蒂利亚国王结合而形成的。但是在此之前，伊比利亚半岛经历了一个六七百年的所谓"再征服运动"。所谓"再征服"就是基督教徒逐渐把阿拉伯人从伊比利亚半岛赶出去的过程，在这个过程中兴起了很多国家，这些国家又分分合合，合合分分，到最后，只剩两个比较大的国家，最后合并了。但除此以外还有一些小国家。到现在，这些小国家的后继者在西班牙国内仍然保有较大的独立性。

寒　竹：我提醒一下，我认为你这里的民族国家概念好像有点问题，对民族国家的理解和民族本身是没有关系的。你先讲，稍后我再补充一下。

阮　炜：当然，我们在这方面有些不同的看法。我接着讲，意大利也是一个例子，为什么要讲到意大利？因为意大利统一也是相对比较晚，大概是在 1860 年代，马志尼领导的统一运动最后完成了现代意大利的统一。在意大利统一之前，历史上也是有过很多共和国的，如威尼斯、米兰、佛罗伦萨、那不勒斯、比萨、热那亚等等。那些从前的共和国之间的关系以及它们与意大利的关系如果处理不好，就可能成为一个个国际法意义上的主权独立的民族国家。我 2013 年在威尼斯的时候，恰好遇到鼓吹威尼斯独立的抗议活动。他们说，我们是一个独立的共和国，不属于什么意大利。这种曾经的共和国与传统意义上的民族是有区别的。

现在回到第一个问题上。民族国家当然受到了全世界各国在形式上的拥护，但这是一个相对晚近的现象，不具有普遍意义，不像我们想象的那么神圣。另外需要注意的是，当今世界除了民族国家和传统帝国构架以外，还兴起了一些非国家主体，或者说跨国行为体，比如各种各样的非政府组织。还有大量的跨国公司。有些跨国公司富可敌国，如像微软、苹果等。它们的经济实力就是一个强国的规模。这些都可能对传统民族国家理念构成冲击。所以我们可以说，民族国家理念正面临着不小的挑战。它正在经受冲击，很可能被冲得七零八落。我们不可以把它普遍化，不可以把它神圣化。

寒　竹：民族国家的形成是在 17 世纪中叶随着威斯特伐利亚体系建立时就开始形成，但大量民族国家的兴起是在威尔逊的十四点、列宁的民族自决理念提出之后，特别是在"二战"以后才真正得以实现，也就是近百年来的现象。那么实现的标志，其实就是反法西斯联盟成功之后，联合国的建立。联合国叫 the United Nations，这个 nation 是一个政治共同体，而跟种族或族裔 ethnic 没有关系。在这个意思上，我讲的民族国家，主要就是指主权国家，这个政治共同体跟种族没有关系，不管英国、印度也好，都是 nation state，都是联合国的成员国，这是一个核心概念。在当今世界，几乎没有一个国家是由一个单一民族构成的，绝大多数都是由若干个，或几十个族裔构成，但这些族裔本身并不构成"政治共同体"的主权国家。当然，民族国家并不就是一个永恒的存在。世界上没有什么东西能够永远存在，任何东西都可能变化，100 年 200 年以后也许都会变。但是，在目前而言，在目前以联合国为基本构架的国际体系里面，也就是民族国家组成的国际体系，The United Nations，仍然是唯一的一个能够为世界各国所能接受的一个概念。

在当今世界，帝国是一个很危险的概念，实际上是一个已经过时概念。我为什么会认为新欧亚主义存在很多困难和误区，因为它实际上是要重返几百年以前的古老的概念。**中文的帝国概念从哪里来的？是从日本来的。**日本用帝国有它的合理性，明治维新以来日本人讲的所谓"大日本帝国"是一个征服体系，在甲午战争后日本占领了中国的台湾地区和朝鲜半岛，派兵进入中国东三省。这个"大日本帝国"是由日本本岛和各个征服板块构成的。所以，"二战"结束前夕反法西斯联盟发布的《波茨坦公告》要求日本无条件退回到日本本土。但从日本传入中国的帝国概念是有问题的，可能是中国自秦以来有皇帝，并实行了帝制两千多年，**因而把强盛的王朝都称之为帝国，这正好落入西方概念的陷阱**。实际上，中国使用帝国概念是完全不合理的。中国从来就不是一个帝国。汉朝、唐代、清代，都不能够称之为帝国。那么，帝国的含义到底是什么？所有的帝国概念在西方都是起源于罗马帝国的，而且是后人对罗马帝国的一个称谓。实际上，罗马人本身没有认为自己是帝国，一直自称共和国。帝国的含义是说它是由本土和征服体系共同构成的。当罗马这个城邦国家征服了其他国家以后，把它变成罗马帝国的一个部分，再派一个总督去管理，包括在那里收税，然后就成为罗马帝国的一个部分了，它不是一种垂直统治。而**中国从秦汉以后从来就是垂直统治，没有帝国这种所谓的被征服的体系**。这就是为什么普法战争之后，德意志帝国要在凡尔赛宫宣布成立，因为按照德意志帝国的想象，帝国超出它本身的疆界是合理的。日本为什么会认为自己是个帝国，它认为日本本土是自己的领土，但是，征服的板块，它们和本土是有区别的，不是垂直统治，是由总督在那里统治的。换句话说，帝国是没有严格的边界的。从这一点也可以看出，20世纪人们讲帝国主义就是意味着扩张和侵略是有充分理由的。帝国主义意味着战争，这是对历史的真实写照。

回到这个问题，我并不是说 nation state 或者主权国家有多神圣，但是目前为止，这是人类能够唯一接受的最不坏的一种形式。按照杜金等人的新欧亚主义，他认为现在的俄罗斯的联邦是个过渡，它不是一个完整的国家。这个过渡怎么完成？它要把其历史领土拿下来了之后，建成一个大的帝国形式，它才算完成任务。他的这个观点就很危险了。

如果说我们不把"民族国家"作为一个目前必须坚持的东西，那么人类就会永远陷入无休止的战争。所以，每一个国家内部或许有民族分裂的情况，但这并不是我们否定主权国家这个概念的理由。这里一定要对民族国家有一个准确的界定。民族国家是一个政治共同体，是一个政治实体，不能等同于族裔或种族。

在当今世界，要想重建这个帝国概念已经是不可能的。至于民族国家和主权国家，是不是就是永恒的，我们不做预见，将来也许会变，但至少是不可能再回到帝国去了。**帝国主义为什么意味着战争，为什么帝国主义意味着侵略，因为帝国以本土为中心，对外形成征服体系，而且这个征服体系是没有边界的，可以任意地扩张**。这才是帝国的含义。主权国家是有明确的疆界，现代国家的三个概念：领土、人口、政府，它有一个明确的边界。在当今世界，一个国家的疆界变更或扩张必然意味着战争。所以，目前来讲，我认为主权国家、民族国家还是维系这个世界的和平唯一有效的东西，尽管它是一个很新的东西，到现在还不到一百年。"二战"以后，特别是50年代、60年代民族解放运动兴起之后，成立了很多新兴的民族国家，就像我们回到当时六七十年代讲的，国家要独立，民族要解放。

很多民族国家实际上到现在只有很短的时间，但是，这毕竟是一个新的事物在取代旧的事物，帝国在今天来讲，已经是一个历史上过时的东西了，任何国家要想重建帝国，都是不可能的。当然，民族国家的存在也带来一些问题，民族国家之间的冲突也可能带来战争。民族国家或者主权国家会不会变成其他的形式，可以讨论。但是，无论如何，我认为再回到帝国是不可能的。所以我觉得要把帝国和新兴的主权国家概念做一个时代上的区分，一个是新的事物，一个是旧的事物，帝国是一个古老的概念，已经过时的概念。

阮　炜：我非常同意寒老师的看法。民族国家的历史的确不长。从世界范围看，第一次欧洲大战结束时，好几个帝国垮台了，一大批国家才从宗主国获得独立，成为民族国家。这是一个标志。另一个标志是联合国。1945 年联合国成立，给了这些民族国家以法律地位。

　　寒老师的基本立场我是完全同意的。但我们也要看到，目前世界上所有国与国之间的问题，几乎都是在民族国家观念得到推广以后尤其是某些民族国家成立以后产生的问题。如第一次欧洲大战后，巴尔干半岛独立了很多小国家，相互间冲突不断。"二战"结束后，它们又被铁托统一了起来。南斯拉夫解体以后，之前统一起来因而能和平相处的多个小国家又纷纷独立，相互之间不可避免地又发生了战争，塞尔维亚甚至因此遭到北约 78 天的狂轰滥炸。奥斯曼土耳其帝国在

1918—1919 年解体后，也形成了很多新的阿拉伯国家，但阿拉伯国家之间以及阿拉伯国家与伊朗之间，一直冲突不断。阿拉伯国家与 1947 年成立的以色列之间，也一直在发生冲突甚至大规模战争。1919 至 1923 年，土耳其和希腊之间也进行了相当大规模的战争，当然还有土耳其与亚美尼亚之间的战争。实际上，第一次欧洲大战并不是 1918 年结束的，而是晚得多，甚至可以说一直持续到 1939 年爆发第二次欧洲大战。

反过来看，虽然说帝国概念已经过时，如果是有意识地重建帝国，甚至恢复旧时代的王朝统治，那肯定是不合适的，甚至可能引发战争，但回顾历史我们可能发现，恰恰是在帝国框架之内，民族与民族之间能够保有相对的和平；甚至帝国与帝国之间也更可能保持相对的和平。如果能够从全球治理、人类共同体这一高度来考察全球秩序，那么主权独立的民族国家一方面能够给我们带来秩序，另一方面其实也是冲突甚至战争的根源。甚至可以说，现在全世界人类之间发生的大多数战争，都是跟这个理念是挂钩的。随着区域整合进程的推进，如欧洲有欧盟，阿拉伯国家有阿盟，非洲国家有非洲联盟，南美国家有南美联盟，东南亚国家有东盟，而中国和东南亚以及中日韩与东南亚之间也有不止一种整合机制，不难看出，这一趋势其实是在朝着解构民族国家这个方向发展的。只不过，这个过程刚刚起步，不容易看得很清楚。以后到底怎么走？我不是预言家。也许这是一个非常漫长的过程。

至于新欧亚主义，我以为这背后不光有帝国的理念，还有一个更大的意图，即欧亚大整合，当然是以俄罗斯为中心。杜金提出了好几个"轴心"，如俄—日轴心、俄—伊—印轴心、俄—土轴心，甚至还有一个俄—德轴心，依托这个轴心还要进一步整合法国。杜金构想宏大，但是很明显，他有一个以俄罗斯为中心，整合整个欧亚大陆的意念或意图。这当然是一种自我中心主义，不是四海一家、天下一家的情怀。我以为，这背后有他的帝国理念在作怪。这石破天惊的欧亚大联合的宏伟蓝图，总得靠各国自愿才行吧？自愿是必须的。总不可能把一个个不情愿的国家纳入。让伊朗先去整合阿拉伯国家，再把整个阿拉伯世界整合到俄罗斯为中心的欧亚大联合里面，总得有各国同意才行吧？所以，杜金的构想也许只是空中楼阁，是画饼。

　　相比之下，中国人不是说而是做。我们的一带一路倡议，这必然会产生整合欧亚大陆甚至整个世界的作用。也许，整合的效力在短期内不会特别凸显，但最终总会显现出来。一带一路必须基于自愿的原则。但中国人并没有说要形成一个以中华文明、中华民族为主体的一个跨欧亚大联合。**中国人是天下为公。我们提倡人类命运共同体。**即使是一带一路乃至人类命运共同体的提法已经暗含跨文明的大整合，这样的整合也必得以自愿为基础，以合作共赢为基础。像美国这样挑起芯片战、贸易争端，它的做法显然就是逆全球化而动的，总体而言，区域整合乃至全球整合是不可阻挡的趋势，因为技术发展、人类进步的趋势是不可阻挡的。任何一个人类个体，任何一个主权国家，都要最大化地谋求自身利益，这又必然驱使不同人类集团、不同国家或文明进行越来越大规模的合作，最终结果就是程度越来越高的全球化。我们要四海一家，全球一家，努力建设人类命运共同体。

主持人（曹朝龙）：您能不能简单讲一下，新欧亚主义最核心的问题或不足在于什么地方？

阮　炜：我觉得新欧亚主义最大的问题是没有看到全球化给人类带来的巨大利益，看不到全球化呈现给人类的一种近乎无限的可能性。全球化是一个不可阻挡的历史趋势。还在公元纪年开始以前，在轴心时代，全球化进程便已经启动了。那是区域一体化，或一种区域性的准全球化。比如说，轴心时代东亚以中国为中心、南亚以印度为中心的区域一体化。一千多年后，欧亚大陆的西部又有了欧洲为中心的区域一体化（欧盟已明显提高了这种区域一体化水平）。区域一体化达到一定水平后，肯定会溢出区域，往全球扩散。全球化具有一种不断扩散的内在动能或趋势，是不可阻挡的。

寒　竹：现代社会更多的通过科技和贸易，通过生产和经济在全球获得利益，这已经成为一个主要的手段。我可以在你这个国家开工厂，在你的国家赚钱，这是一个普遍的现象。而这个新欧亚主义有一点很重要，就是它反对全球化，它是把中国、美国称之为支持全球化的国家，而它对这个东西是排斥的。全球化尽管有这样那样的问题，但总体而言是一个不可阻挡的一个历史趋势，即使有逆全球化的潮流出现，但总体而言，大方向是不会变的，可能有倒退有停止，但最终全球化趋势还是会往前走。